AF891945

Eckhard Lange

LÜBECK ERKUNDEN

ein Wegbegleiter durch die alte Hansestadt

Dieses Buch verdankt sein Erscheinen einem großzügigen
Druckkostenzuschuß der Possehl-Stiftung

Possehl Stiftung

Bibliographische Information der Deutschen Nationalbibliothek
Die Deutsche Nationalbibliothek verzeichnet diese Publikation in der Deutschen Nationalbibliothek; detaillierte Daten sind im Internet über http://dnb.d-nb.de abrufbar.

Impressum

Alle Rechte vorbehalten © 2025 bei
Eckhard Lange – Fliederstr. 4 – 23558 Lübeck
Mail: Eckh.Lange@web.de

Printed in Germany
Gesamtherstellung: Max Schmidt-Römhild GmbH & Co. KG, Lübeck
Konrad-Adenauer-Str. 4, 23558 Lübeck
E-Mail: info@schmidt-roemhild.de
Gestaltung: Grafikstudio Schmidt-Römhild
ISBN 978-3-7950-5275-1

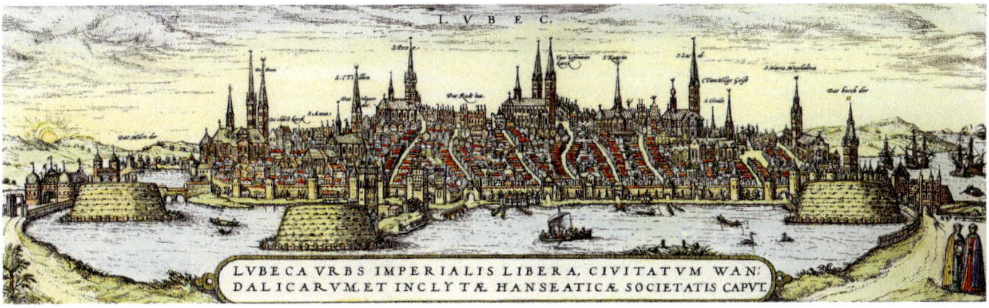

Wo wollen wir uns treffen?

Am besten am Holstentor. Das ist leicht zu finden, das kennt jeder, schließlich ist es so etwas wie Lübecks Wahrzeichen. Genauer: Treffpunkt ist ein paar Schritte abseits an der Tourist-Info. Da kann man einen Stadtplan bekommen. Das ist nützlich, um den Weg zu verfolgen, der jetzt vor uns liegt. Also besser dort! Und dann gehen wir brav an der Ampel hinüber zum Holstentorplatz, denn von dort hat man einen schönen Blick auf die Kulisse mit dem Tor, flankiert von der Marienkirche zur Rechten und St. Petri zur Linken. Nicht zu vergessen die Backsteingiebel der Salzspeicher. Und schon gibt es zu alledem Geschichten zu erzählen – doch Halt! Ehe wir damit beginnen, wartet noch eine andere Geschichte auf neugierige Ohren.

Da wachen doch tatsächlich zwei ausgewachsene Löwen!

So behaglich, wie sie dort liegen, könnte man meinen, hier sei ihr angestammtes Plätzchen seit eh und je. Irrtum! Erst einmal ‚eh': Ein gewisser Kaufmann namens Johann Daniel Jakobi ließ sich vom preußischen Bildhauer Christian Daniel Rauch zwei eiserne Löwen gießen, die sollten sein Haus in der Großen Petersgrube bewachen. Doch das taten sie nicht lange, denn bald darauf starb der Mann, und so wanderten sie weiter. Nun kommt ‚je': Der Besitzer des seinerzeit renommierten Hotels ‚Hamburger Hof' am Klingenberg erwarb die beiden, um fortan seine Gäste zu begrüßen – und kleine Jungs zu erschrecken. Wenigstens von einem wissen wir es: der hieß Thomas, war ein etwas aus der Art geschlagener Spross der bekannten Kaufmannsfamilie Mann und wurde später jener berühmte Schriftsteller, der sich sogar mit einem Nobelpreis schmücken konnte. Natürlich hat er seine Kinderängste literarisch verwertet und sie dem jungen ‚Tonio Kröger' angedichtet.

Aber dann kam der zweite große Krieg, alliierte Bomber warfen ihre tödliche Last über Lübeck ab – jenes erste Flächenbombardement, mit dem der britische Luftwaffenchef Harris bald viele deutsche Städte überziehen sollte. Der Klingenberg lag danach in Trümmern, den eisernen Löwen hat das nicht geschadet, nur gab es dort nichts mehr zu bewachen oder zu begrüßen. Also wurden sie im Museum eingelagert, bis man sie 1949 damit beauftragte, allen Touristen vor dem Holstentor als Fotomotiv zu dienen. Und der Plan ging auf! – Also: erst einmal ein Selfie mit dem schlafenden Löwen! Aber ihn bitte nicht wecken, wer weiß, was dann geschieht…

Vorne aber steht das Holstentor

Am besten, wir setzen uns einen Augenblick auf eine der Bänke hier, denn es gibt eine Menge zu erzählen über dieses Bauwerk. Die Idee für ein solches Tor mit zwei dicken runden Türmen und spitzen Hauben stammt übrigens aus den Niederlanden, und deswegen plante der Stadtbaumeister Hinrich Helmstede auch eines für die Hansestadt, um die Brücke über die Trave zu sichern. Aber damit hatte er sich zugleich beträchtliche Probleme eingehandelt, denn dort waren seit Jahrhunderten versumpfte Wiesen entlang des Flusslaufes. Und obwohl er mächtige Eichenpfähle tief in den Morast trieb und einen sieben Meter hohen Hügel aufschütten ließ, um darauf die Mauern zu gründen, gab es doch Schwierigkeiten. So dauerte es ganze vierzehn Jahre, bis das Tor im Jahr 1478 fertig war. Und trotzdem war der Südturm etwas abgesackt, und bis heute neigt er sich zur Seite.

Man kann das Tor übrigens auch kaufen, nicht das da vorne, sondern als kleines Modell aus Bronze, als Bild auf Teller und Tassen, in einer Schneekugel und auch sonst – überall ist es als Souvenir zu haben. Man kann es sogar verspeisen – als Marzipan-Tor bei Niederegger. Dabei grenzt es an ein Wunder, dass es dort überhaupt noch steht. Im Laufe der Jahrhunderte hat man den Weg nach Westen, also ins Holsteinische, mit immer neuen Wällen gesichert, und jedes Mal war auch ein Durchgang zu schaffen. Zuletzt hat es vier Holstentore gegeben, aber in modernen Zeiten waren sie nur noch im Weg und wurden wieder abgerissen. Zuletzt sollte es auch dieses Tor hier treffen, es war baufällig und behinderte den Zugang zum Bahnhof, der jetzt direkt davor gebaut wurde. Also kam der Antrag in die Bürgerschaft, auch dieses Tor niederzulegen. Und stets erzählen die Lübecker mit einem gewissen Stolz, dass er dort abgelehnt wurde – mit der Mehrheit von einer Stimme!

Wir schauen von hier auf die Feldseite, also die nach außen, gegen eventuelle Feinde gerichtete Front. Da finden sich nur kleine Luken in den Türmen, sogenannte Stückpforten, denn als Stück bezeichnete man die Kanonenrohre, mit denen man nun unter viel Pulverdampf Steinkugeln verschießen konnte. Übrigens ist es dazu nie gekommen. Ganz ohne Schmuck aber haben die Lübecker ihr Tor nicht gelassen: Die Simse, die die Stockwerke trennen, werden von einem Fries aus Terrakotta-Platten begleitet. Statius von Düren hatte draußen auf dem Holstenfeld, wo es genug Ton gab, eine Werkstatt für diesen in der Renaissance beliebten Häuserschmuck errichtet und produzierte ganz modern mit vorgefertigten Modeln alle seine Erzeugnisse gleich in Serie. Und auch in der Stadt werden wir immer wieder darauf stoßen.

Zwischen den Türmen liegt das eigentliche Torhaus, und nicht wahr?, es sieht aus wie eines der vielen Häuser mit ihren Treppengiebeln, die man in der Stadt so oft noch findet. Über dem Torbogen der berühmte Spruch „Concordia domi, foris pax“ „Eintracht im Inneren, Frieden nach außen.“ Ursprünglich war er übrigens an einem anderen der vier Tore zu lesen. Das mit der Eintracht ist allerdings so eine Sache – gehen Sie mal in eine Sitzung der Bürgerschaft!

Jetzt wollen wir aber auch die andere Seite des Tores anschauen, und dort begegnet uns ein ganz anderes Bild. Und – was fällt Ihnen auf? Richtig: Anstelle der schlichten Türme nun eine reich geschmückte Fassade mit viele Fensteröffnungen (wenn auch manche nur Blenden sind, denn dahinter verbirgt sich die Rundung der Türme). Und über dem Torbogen diese vier Buchstaben – S.P.Q.L. Lateinkenner würden jetzt sagen: Der letzte Buchstabe müsste doch ein R sein, denn eigentlich stammt dieser Spruch aus der ewigen Stadt und lautete ‚Senatus populusque Romanus, will heißen: Senat und Volk von Rom. Aber die Lübecker haben den Spruch – sagen wir: übernommen und eben ein wenig angepasst. Also am Ende: Lubecensis, zu deutsch jetzt ‚Rat und Bürger Lübecks.' Diese Bürger aber haben die Buchstaben dann ein wenig anders gedeutet: **S**chlechtes **P**flaster **q**uer durch **L**übeck' Wir werden ja sehen, was da dran ist. Doch schon jetzt sei gesagt: Kopfsteinpflaster ist nicht schlecht, sondern historisch!

Das Holstentor ist übrigens ein Museum, und wir könnten jetzt hineinschauen und uns über Lübecks Rolle als Hanse- und Handelsstadt informieren, aber wir wollen ja die Stadt erkunden. Also gehen wir hinüber zu den Salzspeichern. Doch damit Sie wissen, was Sie später unbedingt einmal nachholen müssen, rasch ein paar Bilder aus dem Inneren des Tores.

Lübeck und das weiße Gold

Dieser Name sagt es schon: Hier wurde – neben anderem – vor allem das Salz zwischengelagert, das die Hanseaten aus den Salinen von Lüneburg bezogen. Dafür haben die Stadtväter übrigens eigens einen Kanal zwischen der Elbe und der Trave gebaut, zwei Flüsse miteinander verbunden und allerlei Schleusen angelegt, um den Scheitelpunkt zu überbrücken, ein damals einzigartiges Unternehmen. Dass Salz ein wichtiges Lebensmittel ist, wissen wir. Aber es ist auch ein Konservierungsmittel, und bevor sich in Lübeck die Konservenindustrie breitgemacht hat, war es so ziemlich die einzige Möglichkeit, etwas haltbar zu machen – neben dem Dörren, also dem Trocknen. Dabei wurde aus dem Kabeljau damals der Stockfisch, und den haben die Lübecker in Norwegen eingekauft, um ihn, natürlich wesentlich teurer, in den Süden weiter zu verkaufen. Vor allem aber haben sie dabei alle Konkurrenz ausgeschaltet, notfalls mit Waffengewalt – soviel zum ‚ehrbaren Kaufmann.'

Aber zurück zum Salz, denn das weiße Gold war damals wirklich Gold wert und hat Lübeck reich gemacht. Tonnenweise (und damit ist der Container jener Zeiten, die Holztonne, gemeint) hat man es in die eigene Niederlassung auf Schonen verschifft, und in den gleichen Tonnen kam dann der damit gesalzene Hering zurück: die angesagte Fastenspeise im Heili-

gen römischen Reich, und Fastentage gab es zahlreich. Also ein sicheres Geschäft, das den Lübeckern nur zweierlei vermiesen konnte: ein kräftiger Sturm, der so manche Kogge auf den Meeresgrund schickte, oder ein dänischer König, der mit hohen Zöllen oder gar Seeblockaden den Handel unrentabel machte.

Esprit statt Sprit

Ehe wir nun über die Trave hinweg in die Altstadt wandern, sollten wir noch einen kurzen Blick auf die Südseite der Salzspeicher werfen. Dort hatte sich schon 1926 eine Autowerkstatt mit einer Tankstelle angesiedelt, zunächst sogar in den Speichern, seit 1936 daneben, und bis 1989 wurde da Benzin gezapft. Dann aber vermietete die Stadt die Garagen und die Werkhalle dem Künstlerverein Defacto Art, und der schuf in den Garagen kleine Ateliers und Werkstätten und in der Halle Platz für Ausstellungen. 55 Künstlerinnen und Künstler kann man nun dort besuchen.

Nasse Füße an der Obertrave

Wir sind gleich nach der Holstenbrücke und einem Blick auf die Giebel der Salzspeicher rechts abgebogen in die Obertrave: Die Kaikante, an der einst die Salzkähne anlandeten, hat sich zu einer (fast) autofreien Bummelmeile mit allerlei Restaurants entwickelt; man kann eine Schiffsrundfahrt antreten, selbst einmal Kapitän auf einem Bötchen werden oder einfach auf einer Bank die Sonne genießen. Aber die scheint leider nicht immer, manchmal brauen sich über der Ostsee auch stürmische Winde zusammen und treiben das Meerwasser flussaufwärts bis hin zur Obertrave. Und dann stehen die Salzspeicher plötzlich mitten in der Trave, und die Anwohner verrammeln wieder einmal ihre Eingänge.

Heute aber können wir trockenen Fußes dort entlangwandern, um dann einen Abstecher in die Große Petersgrube zu machen, also links abbiegen und danach hinauf. Übrigens eine Straße mit viel Geschichte: Fangen wir mit der Gegenwart an: Dieses wunderschöne Ensemble geschwungener Barock- und Rokokogiebel neben klassizistischen Fassaden gilt heute als eines der bedeutsamsten Zeugnisse Lübecker Baukunst. Dabei waren die Häuser in den 1970er Jahren so marode, dass ein heimischer Baulöwe allen Ernstes plante, sie samt und sonders abzureißen und irgendetwas Modernes dort hinzuklotzen. Viele Proteste haben es verhindert, und letztlich übernahm das Land 22 Kaufmanns- und Bürgerhäuser, sanierte sie und schuf so eine würdige Heimstatt für die Lübecker Musikhochschule, die sich aus einer langen Tradition heraus bis hin zur Universität entwickelt hatte. Heute gehört alles zum Weltkulturerbe.

Bodenschätze einmal anders

Der Umbau zur Hochschule erforderte aber auch schmerzliche Opfer. So musste ein historisches Haus dem Neubau eines Konzertsaales weichen. Am 5. Juni 1984 aber passiert Seltsames auf dieser Baustelle: Ein Baggerfahrer lädt eine Schaufel voll Erdreich ab, da sieht er etwas Grünliches, Metallisches. Archäologen werden hinzugezogen, sie graben und werden fündig: Zwischen Holz- und Textilresten tauchen Münzen auf, und es werden immer mehr. Zum Schluss haben sie 22.866 Silber- und 393 Goldmünzen geborgen, in einer Holztruhe unter einer Treppe vergraben, irgendwann zwischen 1533 und 1537. Das Wechselgeld eines Kaufmanns, das er nie wieder ausgegraben hat, warum auch immer. 1533 war das Jahr, als Jürgen Wullenwever sich auf den Bürgermeisterstuhl putschte und die Stadt in einen Krieg stürzte, um ihre alte Vormachtstellung zurückzugewinnen. Er scheiterte, floh und wurde letztlich 1537 in Wolfenbüttel als Ketzer hingerichtet. Es waren also unruhige Zeiten damals, durchaus ein Grund, seinen Reichtum zu verstecken. Und der wog etwa 60 Kilogramm edles Metall.

Aber dieser Boden war hier nicht immer da

Auch diese Geschichte kann uns die Straße erzählen, man muss nur ein wenig weiter den Hügel hinaufgehen und sich aufmerksam umschauen: Da steht nämlich ein stattliches, backsteinernes, mittelalterliches Giebelhaus. Sie meinen, das ist in Lübeck doch nichts Besonderes? Einspruch! Schauen Sie nur, wie der Giebel sich nach einer Seite neigt. Nein, kein Unvermögen des Baumeisters, sondern das Haus steht gleichsam auf zwei verschiedenen Beinen: links auf dem festen Grund des Moränenhügels, auf dem die Stadt einst gegründet wurde, und rechts auf einer künstlichen Aufschüttung über der moorigen Uferzone der Trave. Also wieder so eine spannende Geschichte aus der Geschichte Lübecks. Denn die Stadt wurde nach 1200 zur Boomtown, bald wurde das Bauland auf dem Hügel knapp, und man begann ein riesiges Projekt: die oft überschwemmten Wiesen entlang der beiden Flüsse, die den Höhenzug umflossen, wurden erschlossen: Man schüttete sie zu. Doch so einfach war das nicht bei dem Untergrund, deswegen wurden hölzerne Raster dort hingelegt, in die hinein nicht nur der Unrat der Stadt, sondern Unmengen Lehm und Sand aus dem Umland geschüttet wurden – bis zu einer Höhe von fünf Metern. Ein Projekt also, das nur von ganz oben organisiert werden konnte – möglicherweise vom Rat der Stadt. Kluge Köpfe habe ausgerechnet, dass damals rund zwei Millionen Kubikmeter Erdreich und etwa 200.000 Kubikmeter Holz herbeigeschafft worden sind. Und das mit den Transportmitteln jener Tage: Karren und kleine Pferdewagen. Trotz allem: Ein wenig gab dieser Boden dann doch nach, ehe er sich nach langer Zeit endgültig gesetzt hat. Und einer hatte eben sein Haus genau auf diese unsichtbare Grenze gesetzt! Pech gehabt, aber schließlich steht es noch immer, nur ein bisschen schief eben.

Warum manche Straßen ‚Gruben' heißen

Wie gesagt: Wir sind eben die Große Petersgrube hinaufgegangen (es gibt nämlich noch eine kleine!). Aber ist Ihnen schon einmal aufgefallen, dass es in Lübeck nicht nur Straßen und allerlei Querstraßen gibt, sondern auch manche Straßen, die auf „...grube" enden? Und das bereits seit Gründungszeiten, als noch Lateinisch die Amtssprache war: Da wurden viele Straßen, die zur Trave (und auch zur Wakenitz) hinunterführten, „fossae" genannt, was ebenfalls ‚Graben' oder ‚Grube' bedeutete. Und das hat eben mit diesem morastigen Boden zu tun, der sich dort breit machte, wo der Lehmhügel der Landzunge nicht hinreichte. Und jetzt wird es interessant: Mitten zwischen diesen ‚Gruben' gibt es auch ‚Straßen' (lateinisch übrigens mit „platea" bezeichnet). Angefangen von der Holstenstraße im Süden bis zur Mengstraße im Norden. Aber warum? Weil hier der feste Moränenhügel einen Sporn bis nahe ans Traveufer geschoben hatte, auf dem schon früh ‚richtige' Straßen angelegt werden konnten. Dass man dort auch den ersten Anlandeplatz für die Schiffe anlegte, die die Schiffsleute hier gut auf einen schmalen Strand ziehen konnten, um die Ladung dann trockenen Fußes in die Häuser befördern zu können, können wir sicher nachvollziehen. Und schon bald hat man Hölzer in den Boden gerammt und so eine erste Kaimauer geschaffen. Erst mit den Aufschüttungen ließ sich der Hafen erweitern. Aber dorthin werden wir dann erst später kommen.

So, jetzt wissen wir, warum die Große Petersgrube so heißt, wie sie heißt. Noch nicht ganz? Dabei ist es doch offensichtlich: Sie führt geradewegs in Richtung Petrikirche. Und dahin wollen wir jetzt auch einen Abstecher machen, vorher aber noch einen Blick nach links in die schmale Gasse mit dem Namen ‚Kolk' werfen. Was auffällt: Nur auf einer Seite stehen Häuser, gegenüber ragt eine mächtige Backsteinwand in die Höhe. Wir werden gleich sehen: Sie stützt den Kirchhof rings um St. Petri ab, offensichtlich lag die Kirche allzu dicht am Steilhang des Stadthügels. Und auch der Name ‚Kolk' ist aufschlussreich, wird doch damit die tiefe Ausspülung eines Baches bezeichnet, der hier einmal in Richtung Trave floss. Direkt zu Füßen der Petrikirche begann also das Feuchtgebiet der Trave. Übrigens: Ausgerechnet hier hat man 2020 genau am Rand des festen Baugrunds am damaligen Traveufer die Fundamente eines der ältesten Backsteinhäuser der Stadt (und wahrscheinlich ganz Nordeuropas!) entdeckt! Bauzeit um 1170. Da gab es in Lübeck sonst durchweg nur Holzhäuser. Gefunden wurden die Überreste beim Umbau zweier Häuser, die das Figurenmuseum und angegliedert das Figurentheater wieder aufnehmen sollen – zwei sehr spezielle, aber auch sehr sehenswerte Einrichtungen.

Lust auf einen Überblick?

St. Petri gehört zu den ältesten Kirchen Lübecks, lag einmal genau wie St. Marien am Rande des anfangs viel größeren Marktes. Die vielen Umbauten lassen das allerdings kaum noch erkennen. Und weil wir gerade hier sind: Wie wär's mit einer Turmbesteigung? Nein, keine unzähligen Treppenstufen, es gibt einen Fahrstuhl zur Aussichtsplattform unter der Turmhaube, die hat man beim Wiederaufbau der Türme einfach hineingeschmuggelt. Was zu beweisen ist! Wobei damals nur der Turm für die bekannte Stadtsilhouette von Bedeutung war, das Kirchenschiff wurde nicht mehr gebraucht und verfiel. Erst spät besann sich Lübeck darauf, auch hier zu sanieren, und heute dient die leergebliebene Kirche vor allem für Ausstellungen, als Kultur- und Universitätskirche. Aber ohne Gottesdienste. Doch nun erst einmal aufwärts und auf die Stadt herabgeschaut! Es lohnt sich. Schauen Sie sich ruhig um und genießen den Ausblick in alle Richtungen! Aber dann sollten wir wieder hinab und eintauchen in die Welt der kleinen Leute im Domviertel, das bekannt ist für seine vielen noch erhaltenen Wohngänge.

Sag mir, wo die Bäche sind, wo sind sie geblieben?

Zurück in der Großen Petersgrube, biegen wir links ein in die Straße ‚Kleine Kiesau' und dann wieder nach rechts in die ‚Depenau'. Fällt Ihnen etwas auf? Das ist keine slawische Endung, sondern meint wirklich jeweils eine Au, also einen Bach. Aber kein Wasser in Sicht, denn längst sind alle diese Bäche, die einst vom Klingenberg her der Trave zuflossen, verschwunden. Fachleute vermuten übrigens, dass auch dessen Name mit Bächen zu tun hat, dass dort eine sprudelnde, also ‚klingende' Quelle gewesen ist. Und von dort flossen ein tiefer Bach und einer mit einem kieseligen Grund dann talwärts. Nicht wahr: Was Straßennamen alles erzählen können! Aber auch die hübschen Giebel in der Depenau erwarten unsere Aufmerksamkeit.

Da ist zum Beispiel Haus Nr. 31 mit einer Backsteinfassade aus der Renaissance. Vergessen wir das Erdgeschoß – wie an vielen historischen Häuser wurde es umgestaltet. Aber darüber entdecken wir einen Terrakottafries, und das ist in Lübeck wahrlich keine Besonderheit. Dafür hat Meister von Düren gesorgt (Sie erinnern sich – das Holstentor?). Der Renner waren übrigens die Flachreliefs mit Köpfen von Damen und Herren jener Zeit – keine Porträts bekannter Persönlichkeiten, sondern sozusagen Allerweltsgesichter.

Wir gehen die Straße weiter hinab zur Obertrave, aber halt! Links geht es in einen Durchgang, und es ist tatsächlich einer, denn am anderen Ende treten wir in die Marlesgrube.

Von einer No-go-Area zum idyllischen Wohnen

Wir haben es mit Bewunderung vermerkt: Die Lübecker haben der zunehmenden Einwohnerzahl mit der Befestigung der sumpfigen Uferzone für lange Jahrzehnte Platz geschaffen. Aber irgendwann waren auch diese Flächen besiedelt, und Lübeck wuchs weiter. Schifferknechte und Dienstmägde, Handwerksgesellen und Hafenarbeiter – sie alle wurden gebraucht, aber kaum einer konnte sich ein eigenes Haus leisten. Und die Stadtmauer war nun einmal die Grenze der Stadt. Doch da waren ja noch die schmalen, aber tiefen Grundstücke, und dort hatten die Bürger (und es war nur eine Minderheit der Einwohner, die einen Bürgerbrief besaßen oder erwerben konnten) gerne ein paar Buden hingestellt für ihr Personal.

Nun aber sahen sie eine Chance, diesen Hofraum weit besser zu nutzen: Da ließ sich doch ein gutes Sümmchen zuverdienen, wenn man den Hinterhof mit solchen Buden vollstellte und sie vermietete. Man musste

nur einen Zugang schaffen, denn durch die eigene Wohndiele sollten diese Habenichtse natürlich nicht laufen. Also trennte man im Vorderhaus einen möglichst schmalen Gang ab und fertig war das Wohnparadies für Arme. Dem ehrbaren Rat war es recht, einzig die Mindestbreite des Durchgangs (von seiner Höhe war nichts gesagt) wurde vorgeschrieben: Denn im Falle ihres Ablebens mussten die Gangbewohner schließlich ein letztes Mal wieder hinauskommen, sprich: Ein Sarg musste hindurchpassen.

Für Hygiene war auch gesorgt: die Abwässer konnten ja über den Gang zur Straße hin fließen, und die war lange Zeit sowieso eine bessere Kloake. Wer mit feinen Lederschuhen ausging, band sich eben ‚Trippen' unter, eine Art hölzerne Stelze. So füllte sich besonders das Viertel unterhalb des Doms mit immer mehr Gängen und immer mehr zwielichtigen Gestalten, und eines Tages verzichtete die städtische Polizei auf alle Verfolgung von Ganoven, weil sie nicht nur gefährlich, sondern meist auch zwecklos war: Ein Sprung über irgendeinen Bretterzaun

am Ende des Gangs, und schon entkam der Gesuchte durch einen anderen Gang. Als der Rat einmal alle Gänge zählen ließ – das war im Jahr 1487 – konnte der Stadtschreiber die Zahl 101 notieren, und um 1700 schätzt man sie sogar auf etwa 180. Und ganz selten gelang es einem strebsamen Bewohner, sein Häuschen sogar zu kaufen.

Das ist heute anders, soweit sich die Gänge noch erhalten haben. Und manche Besitzer nutzen ihre Gänge auch als Terrasse und Vorgarten. Nur die vielen Touristen, die man heute täglich durch diese Gänge schleust, stören das friedlich-nachbarschaftliche Treiben. Also – wenn wir uns jetzt aufmachen, dort ebenfalls hineinzuschauen, sollten wir keine langen Reden dabei halten und schon gar nicht überall in die niedrigen Fenster schauen. Auch muss nicht an jeder Stockrose ein Selfie geschossen werden, meinen Sie doch auch, oder?

Wir sind inzwischen von der Marlesgrube ans Traveufer zurückgekehrt, wandern an der Obertrave entlang, wo auf dem grünen Uferstreifen bis vor kurzem noch die Wäsche zum Trocknen flatterte und heute eher ein paar Leute ihre Siesta halten. Und dann geht es hinein in das Gewirr der Gänge, die jetzt oft miteinander verbunden sind, kleine Plätze und sogar Spiel-

plätze bieten und hier und da sogar ein richtiges Bäumchen, wo der Abriss baufälliger Häuser ein wenig Raum geschaffen hat.

Das war unser Weg bis jetzt! Leicht zu verfolgen auf jedem Stadtplan. Nun aber wird es sozusagen unbeschreiblich, deswegen gebe ich Ihnen zwei Skizzen in die Hand. Und weil das sonst wie ein Labyrinth ausschaut, habe ich einen möglichen Rund-

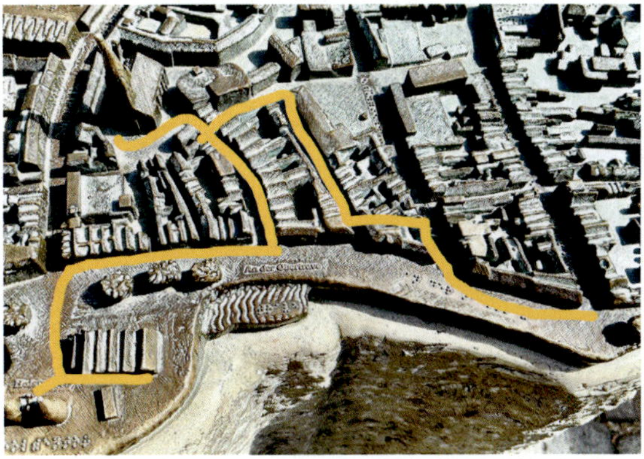

gang eingezeichnet. Aber dazu müssen Sie sich die nötige Zeit nehmen, und die haben wir heute leider nicht. Doch es gibt ja noch ein Morgen – und ich hoffe, ich habe Ihre Entdeckerlust geweckt!

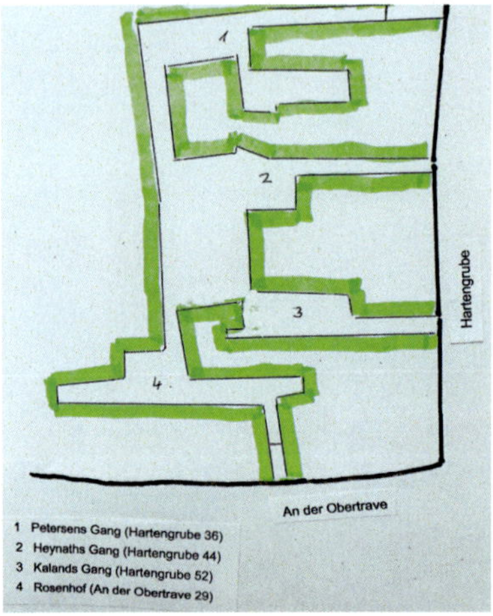

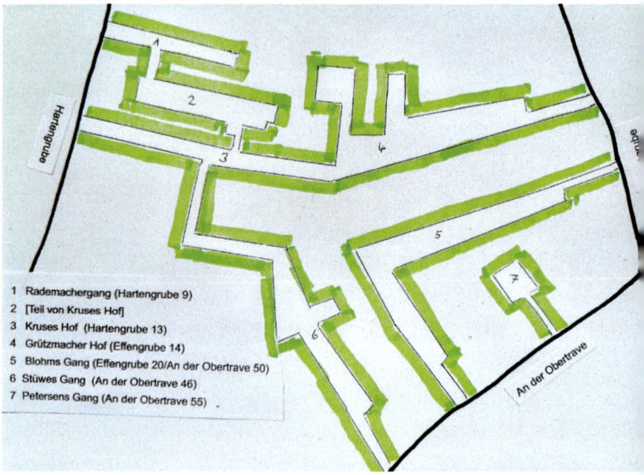

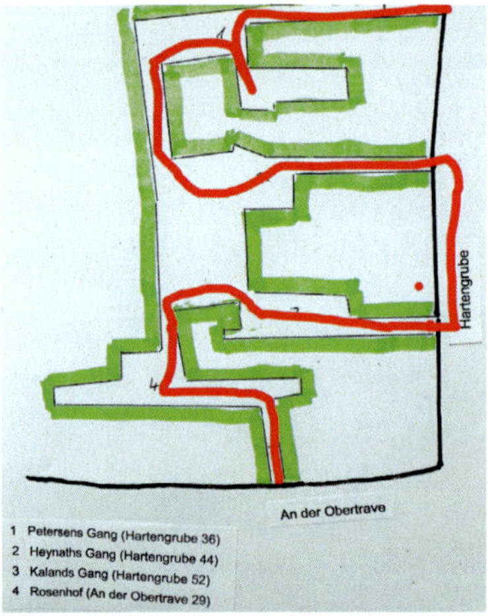

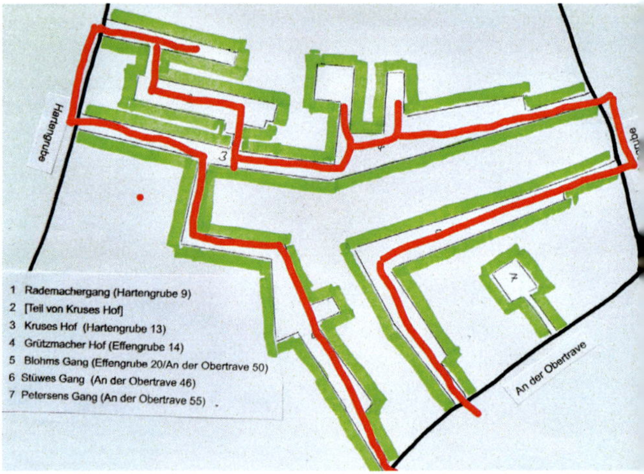

Eines muss ich noch nachtragen: Ehe es zu jenen durchaus auch zweistöckigen steinernen Ganghäusern kam (man nannte sie ‚domus', also ‚Haus'), standen dort tatsächlich nur ‚Buden' (‚Bodae'). Und das waren sie auch! Oft nur ein einziger Raum mit einer Feuerstelle auf gestampftem Lehmboden, einer Leiter in den Dachraum, den ganze Familien sich als Schlafstelle teilen mussten. Diese Behausungen sind heute weitgehend verschwunden – zum Glück. Aber zu Anschauungszwecken ist wohl auch dies ein Glück, gibt es da noch eine im Petersens Gang in der Hartengrube 36. Sie können nachmessen: Sie hat eine Frontlänge von sage und schreibe 3,45 Metern und eine Traufhöhe von 1,90 Meter. Die Tiefe kann ich Ihnen auch verraten: Sie beträgt 4,65 Meter. Nun dürfen Sie gerne einmal ausrechnen, wieviel Platz eine vielleicht siebenköpfige Familie dort hatte.

Heute gehört der Gang zum größeren Heynathsgang, und auch von dem ist Interessantes zu berichten: 1470 kaufte ein ehrbarer Rat den Gang auf, um das weitaus weniger ehrbare ‚liederliche Weibsvolk' dort unterzubringen, sozusagen das Eros-Center im Hafenviertel. Offiziell wurde der Gang als ‚Ratswohnung' geführt und formal galt jeweils einer der Ratsherren als Besitzer – später hätte man wohl ‚Puffmutter' gesagt. Doch dann wurde der Gang an den St. Clemens-Kaland, also eine religiöse Bruderschaft, verkauft. Die nannte sich nach dem zweiten Nachfolger des heilige Petrus auf dem Bischofsstuhl in Rom. Und die frommen Männer haben die Damen dann vor die Tür gesetzt.

Eine letzte Bemerkung dazu kann ich mir nicht verkneifen: Bis vor wenigen Jahrzehnte lag dann Lübecks Rotlichtviertel an der Untertrave, und ausgerechnet in einer Gasse, die ‚Clemensstraße' hieß – Ironie des Schicksals!

Auf zum Gipfelsturm!

Unser nächstes Ziel ist der Domhügel. Immerhin doch 15 Meter über Normal Null. Dazu sind wir in die Hartengrube eingebogen, die vorletzte Rippenstraße, die von der Obertrave auf den letzten Ausläufer des Moränenrückens hinaufführt. Und schon müssen wir wieder einen Halt einlegen, denn Ungewöhnliches gibt es zu sehen mit dem Haus Nr. 20. Ein Fachwerkhaus inmitten der Backsteinstadt, meinen Sie? Einzigartig?

Nein, falsch gedacht! Fachwerk gibt es schon noch in Lübeck, vor allen in den Gängen sind wir ihm ja bereits begegnet. Dabei hatte der Rat bereits 1276 nach zwei verheerenden Stadtbränden in nur wenigen Jahrzehnten angeordnet, statt der Holzhäuser nun nur noch solche mit Steinmauern zu errichten. Und das wurde auch – wenigstens, was Fassaden und Brandmauern anging, befolgt. Nur an den rückwärtigen Giebeln nahm mancher Bauherr das nicht so streng und griff zum billigeren Fachwerk.

Aber darum geht es bei diesem Haus gar nicht, sondern um die halben Rosetten an der Brüstung des Obergeschosses, die wir sonst meist nur aus südlicheren Regionen kennen. Und hier nicht als Fächer, sondern mit einem figürlichen Flachrelief geschmückt. Doch nicht nur dort, auch der Rähm, die ihn tragenden Balkenköpfe, die Traufbohle über den Fenstern – alles mit Schnitzwerk versehen. Finden Sie das mal irgendwo sonst in Lübeck! Da müssen wir schon einmal genauer hingucken.

Eigentlich hätten wir jetzt auch noch in Schwans Hof hineinschauen sollen, der seinen Zugang in diesem Haus hat, aber da wartet noch so vieles auf uns. Rechts öffnet sich jetzt eine kleine Grünanlage mit einem Spielplatz und schönem Baumbestand, auch wenn zugleich viele Autos an den Rändern parken. Wir schauen auf das Straßenschild: ‚Großer Bauhof' steht da zu lesen. Sie fragen, ob es dann auch einen kleinen Bauhof gäbe? Treffer! Ja, aber das ist kein zweiter Platz, sondern eine Straße, die sich in

auffälligem Zickzack bis zur Trave hinzieht. Wieder erzählen solche Namen eine lange Geschichte, aber ich will mich kurzfassen: Während der Rat und die einzelnen Kirchen nicht nur eigene Ziegeleien betrieben, sondern auch stadtnah Ziegelhöfe unterhielten, in denen stets ein ausreichender Vorrat an Backsteinen lag, wurde hier das übrige Baumaterial gelagert und zubereitet, das für den Unterhalt von Rathaus, Stadttoren, dem Marstall und den Mauern benötigt wurde. Nicht umsonst hieß das Gelände deshalb auch ‚Sägekuhle'.

Aber die älteste Bezeichnung von 1263 nennt den Platz ‚Bei St. Nikolaus', und schon ist da eine andere Geschichte, denn wohl dort, wo heute der Dom aufragt, lag eine erste Kirche auf dem Hügel Buku, noch ehe Graf Adolf hier das neue Lübeck gründete. Wahrscheinlich entstand der kleine Holzbau für die deutschen Händler als Ort für Gebete um glückliche Heimkehr, wenn sie am Traveufer eine Rast einlegten und dort vielleicht auch schon einen Ankerplatz hatten. Sie diente dann sogar als erster Dom, als Heinrich der Löwe den Bischofssitz von Oldenburg hierher verlegte, und sie verschwand dann beim Bau des steinernen Doms.

Wir kennen sogar den Namen des Priesters, der dort um diese Zeit seinen Dienst tat: Ethelo, später zum ersten Dompropst berufen. Aber die Sage weiß noch mehr von ihm zu berichten: Er hatte sein Haus ganz in der Nähe der Wakenitz, die damals noch als kleines Flüsschen um den Domhügel herum der Trave zueilte. Aber dort, im Zuge der heutigen Mühlenstraße, gab es bereits eine Zugbrücke, und auf eben die ritten eines Tages die Mannen Niklots, des Fürsten der Obotriten, zu, um Lübeck zu überfallen. Aber der Priester war schneller. Als er die Gefahr erkannte, zog er gerade noch rechtzeitig die Brücke hoch, was den Mann Gottes sicherlich ziemliche Mühe kostete, die Angreifer hingegen rückten enttäuscht wieder ab.

Nun zurück zu dem, was heute zu sehen ist! Und da fällt uns an der Ostseite des Bauhofs ein langgestrecktes Gebäude auf, mit seiner Länge von 67 Metern für ein Wohnhaus viel zu gewaltig. Wir schauen auf den Giebel an der Nordfront, und man erkennt nicht nur die schlichte, ausgewogene Schönheit einer Renaissancefassade, sondern findet auch einen Hinweis auf den Zweck des Gebäudes. Sie auch? Nein? Dann schauen Sie einmal genauer auf den steinernen Herrn, der da gewappnet in seiner Nische steht. (Um genau zu sein: er ist aus Kunststein, und das erst seit 1954, als man das Original sicherheitshalber ins Museum brachte und hier eine Kopie hinstellte) Dennoch: Ein stolzer Krieger, ja, viel mehr: der Gott des Krieges höchstpersönlich. Und nun können Sie sicherlich auch den Namen des Gebäudes deuten: ‚Zeughaus', andere würde sage: Arsenal, oder noch einfacher: Waffenlager. Natürlich hat ein Staat wie Lübeck auch eine Armee, oder vorsichtiger gesagt: eine kleine Truppe. Ein paar Berufssoldaten, die an den Toren Dienst taten, und eine ganze Reihe braver Bürger, die im Ernstfall die Mauern und Türme zu besetzen hatten. Und ihr Kriegsgerät lagerte eben in diesem Zeughaus.

Irgendwann aber rüstete Lübeck ab – vor allem, als die Franzosen die Stadt regierten. Dann lagerte man statt Kanonen Wolle in seinen Hallen, und 1923 zog die Polizeibehörde dort ein. Seit 1933 wurde es dadurch zum Schreckensort, denn nun inhaftierte man hier weniger die Verbrecher, sondern alle, die gegen das neue Regime aufmuckten oder denen man es nachsagte – die eigentlichen Verbrecher führten jetzt die Aufsicht über die Kerker und Folterzellen im Keller. Eine Gedenkstätte neben dem Haus soll daran erinnern. Und wieder eine neue Nutzung: 1980 zog das Völkerkundemuseum hier ein, das allerdings wieder geschlossen wurde, um zu sparen, nur die Sammlungen blieben dort, immerhin etwa 30.000 Objekte von der Altsteinzeit bis in die Gegenwart und aus der ganzen Welt zusammengetragen – zurzeit also ein Schatz ohne Bewunderer. Seit 2024 trägt er den Namen ‚Sammlung der Kulturen der Welt', um sich vom Ruch der Kolonialzeit zu emanzipieren.

Wir haben also jetzt den Gipfel erreicht, und wenn wir nur wenige Schritte weitergehen, überschreiten wir eine unsichtbare, aber bis 1803 wichtige Grenze – mitten in der Stadt. Das gilt es zu erklären.

Im Reich der Domherren

Es ist der Dombezirk, oder wie man auch sagt, die Domfreiheit, die wir gerade betreten haben. Und sie war bis 1804 so etwas wie ein eigenständiges Staatsgebiet. Hier hatte der Rat der Stadt nichts zu sagen, hier galten Rechtsprechung und öffentliche Ordnung des Bischofs und des Domkapitels. Wir kennen das aus vielen Bischofsstädten, auch, wenn die geistlichen Fürsten zugleich Stadtherren waren. Geistliches und weltliches Territorium waren zwei getrennte Welten. Dort, wo die Bischöfe zugleich Landesherren und damit Reichsfürsten waren, sowieso. Aber auch der sonstige kirchliche Besitz unterstand nur dem Bischof, den Domkapiteln oder den Klöstern.

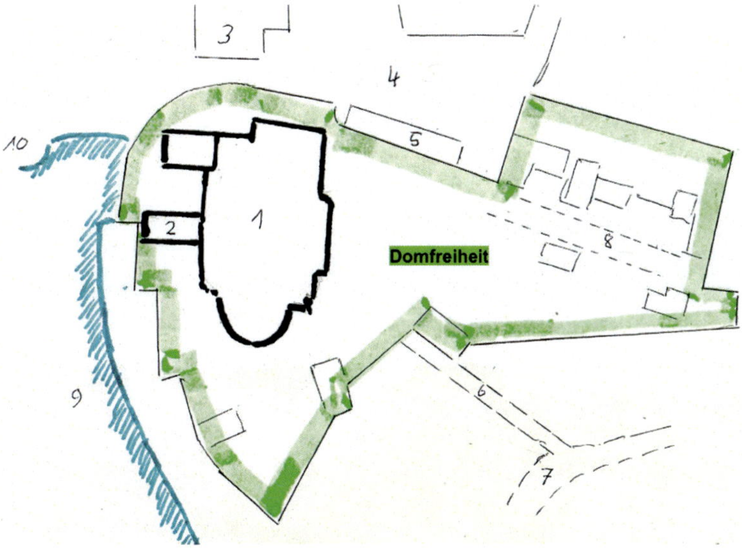

1 Dom 2 Domschule 3 Bauhof 4 Sägekuhle 5 Zeughaus
6 Fegefeuer 7 Mühlenstraße 8 Parade mit Domherrenkurien 9 Wakenitz 10 Mühlen

So hatte jeder Domherr auch in Lübeck seine eigene Kurie, seine kleine Residenz, rings um die Domkirche, und er besaß allerlei Pfründen, also Einnahmen aus Höfen, Gütern oder ganzen Dörfern, und überall war er dort zugleich Grundherr. Dass sie eigentlich nur die Aufgabe hatten, den

Bischof in seinen Pflichten zu unterstützen, war vielen Domherren längst schon ziemlich aus dem Gedächtnis gefallen, selbst wenn sie die Weihen empfangen hatten. Ein Sitz im Domkapitel diente zuallererst der Versorgung von Adligen und später auch Bürgersöhnen. Deshalb lagen die Domkapitel auch oft mit ihrem Bischof im Streit, wenn es um Besitz und Einkünfte ging. Einig waren sie sich jedoch stets, wenn sie ihre Rechte gegenüber den Magistraten der Städte oder den benachbarten Fürsten verteidigen mussten. Zum Beispiel ihre Steuerfreiheit.

13 Kurien hat es einmal gegeben, nur eine einzige hat überlebt, wenn auch mit einem neuen Gewand. Es ist das Rantzau-Palais, so genannt nach Kuno Graf zu Rantzau-Breitenburg, der das Gebäude 1858 erwarb und zu einer Art neugotischer Burg umbauen ließ. Aber schauen Sie einmal

auf die Rückfront, dann entdecken Sie die echte Gotik der ehemaligen Kurie. Und sie stand schon damals wie die anderen frei auf dem Grundstück. Während die Stadt nur Haus an Haus erlaubte, hatte der Dombezirk viel Platz zu bieten. Angefangen hatte es meist mit mittelalterlichen Wohntürmen, daraus wurden dann repräsentative Herrenhäuser für die Herren des Domkapitels.

Sie meinen: Das hätte in Lübeck doch aufgehört, als die Stadt lutherisch wurde? Weit gefehlt! Zunächst blieb der Dombezirk katholisch, und selbst, als immer mehr Domherren protestantisch wurden – auf ihre Einnahmen wollten sie keinesfalls verzichten. Ganz im Gegenteil: Nun konnte man schon mit sieben Jahren Domherr werden, erst einmal mit nur geringen Einkünften, stieg dann aber auf in der Hierarchie des Kapitels und damit im Anteil am Reichtum. Erst 1804 wurde (mit dem Ende des Heiligen römischen Reiches) das Kapitel aufgelöst, sein Besitz kam an das Fürstentum Lübeck – das war aus dem sogenannten Hochstift, also dem Staat des Bischofs als Reichsfürst, entstanden. Genug des Geschichtsunterrichts, wir wollen uns ja anschauen, was es im Dombezirk heute zu entdecken gibt.

Also, gleich einmal um die Ecke des Zeughauses geschaut: Dort dehnt sich ein baumbestandener kleiner Park, einst der Domkirchhof. Und in dem ‚ganz kleinen Park' steht – nein, nicht ‚ein ganz kleines Reh', wie in dem schönen Gedicht von Ringelnatz, sondern ein stattlicher Löwe auf hohem Podest. Allerdings eine späte Kopie, das Original steht seit etwa 1170

in Braunschweig und erinnert an den Herzog von Sachsen aus dem Hause der Welfen. Und wieso ein Löwe? Weil der Herzog 1156 auch das Herzogtum Bayern hinzubekam. Da beschloss der gemeinsame Landtag, er müsse nun auch einen Zunamen erhalten. Für alle Lateiner: „Et creatum est ei nomen novum: Heinricus Leo, dux Bavariae et Saxoniae." Es war übrigens die erste freistehende Großplastik in Nordeuropa.

Und wie kommt der Löwe nun hierher nach Lübeck, mögen Sie fragen. Das will ich erklären: Heinrich hatte nach langem Streit mit seinem Lehnsmann und Lübecks Stadtgründer Graf Adolf die Stadtherrschaft selbst übernommen und Lübeck zum Bischofssitz gemacht und damit den Bau des Domes in Auftrag gegeben. Daran wollte man Anfang des 20. Jahrhunderts erinnern und ließ vom Bildhauer Otto Mantzel eine Kopie herstellen, allerdings aus Basalt und kleiner. Aber die wurde Opfer alliierter Bomben. Erst 1975 wurde dann dieser Löwe dort als originalgetreue Kopie geschaffen – dank großzügiger Spenden.

Aber da ist noch jemand, an den hier erinnert wird. Wie, Sie sehen nichts? Dann erkennen Sie das Mahnmal vor lauter Bäumen nicht! Tatsächlich, es geht um einen besonderen Baum auf dem Domkirchhof. Es ist die Luther-Buche. Also nicht irgendeine Weißbuche, sondern ein Ableger einer besonderen, die hier eingepflanzt wurde und nun eine stattliche Größe erreicht hat. Alles weiter können Sie gerne selbst lesen!

Und hier sind sie denn auch, die beiden Geehrten: Der Sachsenherzog Heinrich, wie er auf seinem Grabmal dargestellt wird, und der Reformator aus Wittenberg, wie ihn sein Freund Lukas Cranach gemalt hat.

Schatztruhe Dom

Treten wir also ein in den ehrwürdigen Dom, das Geschenk des Sachsenherzogs an seine neue Stadt. Nein – bitte nicht gleich nach den Schätzen Ausschau halten, halten Sie einfach inne, setzen wir uns einen Augenblick in eine Stuhlreihe und lassen diesen besonderen Raum auf uns wirken. Empfinden Sie auch die Erdenschwere der mächtigen Pfeiler, zwischen denen sich die Gurtbögen spannen und die romanischen Gewölbe der einzelnen Joche voneinander trennen? Und doch wirkt der Raum hell und licht, atmet Würde aus. Wenn Sie ein wenig Fachwissen haben, erkennen Sie es sicher: Hinter dem gewaltigen Westwerk beginnt eine Basilika über vier Joche hinweg, also ein Bau mit erhöhtem und breiterem Mittelschiff und einem Querhaus, das nun mit dem östliche Chorquadrat die Form des Kreuzes nachbildet.

Doch ein zweiter Blick lässt uns die Veränderungen dieses klaren Schemas erkennen, denn die recht schmalen Seitenschiffe steigen nun zur gleichen Höhe des Langhauses auf, bekrönt von gotischen spitzbogigen Gewölben. Hier haben Spätere versucht, die Basilika in eine Hallenkirche zu verwandeln, ohne doch den Grundriss zu verändern. Deswegen fehlen jetzt auch die schlankeren Zwischenpfeiler, die einst den Zugang zu den Seitenschiffen markierten. Das erklärt uns den Eindruck der Weite dieses Raumes, denn nun überspannt an den Seiten jeweils ein einziger Bogen die ganze Breite der Joche.

Dann aber wandert unser Blick in Richtung Osten, und dort erkennen wir, dass – heute mit einer Glaswand abgetrennt – ein weiterer Raum sich dort dehnt: ein gotischer Chor mit schlanken Säulen. Doch ich sehe, Sie schauen jetzt nur noch bewundernd auf ein riesiges Kreuz, das diesen Blick verstellt. Und das mit Recht, denn Sie haben eines der schönsten Kunstwerke des Doms im Blick, das Triumphkreuz, geschaffen von einem Meister seines Faches, der den ganzen Ostseeraum mit seinen Werken füllte, dem Bildschnitzer und Maler Bernt Notke. Oder sagen wir genauer: gefertigt in seiner Werkstatt, denn viele geschickte Hände haben damals mitgewirkt, um den Auftrag Bischof Krummendieks zu erfüllen.

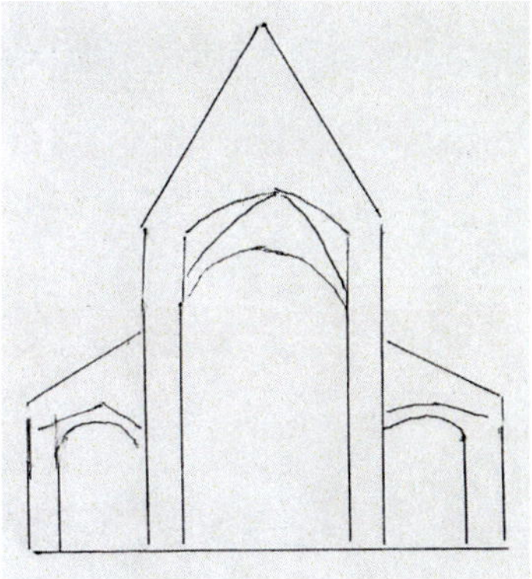

1247: romanische Basilika

1266: gotische Hallenkirche

1468 wurde Albert Krummendiek auf den Lübecker Bischofsthron gewählt. Da war er 30 Jahre alt. Er entstammte einem uralten holsteinischen Adelsgeschlecht, und das war schon bemerkenswert, denn seit über einhundert Jahren waren es fast durchweg Söhne von Lübecker Ratsfamilien, die dieses Amt ausübten. Als Domherr kam er in die Hansestadt, war gut vernetzt in der europäischen Politik, hatte Kontakte ins dänische Königshaus und in den Vatikan. Auch theologisch war er versiert, verfasste das erste gedruckte Messbuch für sein Bistum. 1477 gab er das Triumphkreuz für seinen Dom in Auftrag – auf eigene Kosten. Allerdings musste er sich das nötige Kapital ausleihen und hat es nie mehr geschafft, schuldenfrei zu werden. Dafür kniet er nun zu Füßen des Gekreuzigten. Bernt Notke mochte ein begnadeter Künstler sein, das Programm für die vielen Gestalten rings um das Kreuz stammte von Krummendiek, und es ist so vielschichtig, dass ich es Ihnen jetzt nicht erläutern werde. Sie werden mir dankbar sein. Aber einen groben Überblick bin ich Ihnen wohl doch schuldig.

Ich denke, da sage ich Ihnen nichts Neues: Fast immer finden sich diese zwei unter dem Kreuz Jesu: Seine Mutter Maria und sein Lieblingsjünger Johannes – so will es die Tradition für nahezu jedes Triumphkreuz.

Auf den vielen Darstellungen der Kreuzigungszene, ob gemalt oder geschnitzt, gibt es noch viele andere: die Kriegsknechte und die spottenden Pharisäer, den Hauptmann und die Gruppe der trauernden Frauen, und oftmals auch – ganz klein meist, den Stifter des Bildes. Hier aber kniet Bischof Krummendiek, überlebensgroß, in vollem Ornat und erhobenen Hauptes, das ist schon außergewöhnlich. Und ebenso außergewöhnlich ist, dass von den Frauen unter dem Kreuz einzig Maria Magdalena dort zu finden ist, eine schöne jugendliche Frau in festlicher Kleidung, gleichsam als Pendant zum Bischof. Und das – jetzt werden sie schmunzeln – hat schon bald Anlass für mancherlei Klatsch gegeben: Sieht sie nicht der Mätresse Krummendieks ähnlich, so tuschelten die unfrommen Frommen während der heiligen Messe, und so hat es die Legende bis heute geschafft, ist sie doch zu schön, um nicht immer wieder erzählt zu werden. Überprüfen können wir das heute ja nicht mehr, wer dem Meister Notke damals als Vorbild gedient hat – und auf wessen Wunsch hin.

Sagte ich eben: Ich kann Ihnen all die Figuren, die das Kreuz schmücken, nicht im Einzelnen erklären? Aber einen kleinen Abschnitt will ich Ihnen doch zeigen, um eine Rätselfrage zu stellen: Wie viele Personen können Sie erkennen? Vier? Falsch!

Fünf? Schon besser, denn nun haben Sie den Apostel Paulus mitten auf dem Stamm entdeckt. Aber richtig wären sieben, denn da stehen unten noch zwei Engel. Und außerdem gibt es noch den Löwen weiter oben – und der ist das Symbol für den Evangelisten Markus. Wenn ich Ihnen nun noch sage: die beiden unten sind rechts David und links der Prophet Jona, die beiden darüber zwei Apostel, Simon und Matthäus, dann verstehen Sie sicher, dass ich Ihnen die 40 Männer nicht alle vorstellen kann – Frauen sind übrigens keine darunter!

Außerdem gibt es noch so viel zu sehen, dass ich jetzt einen Schnelldurchgang machen muss, sonst endet unsere Wanderung bereits hier im Dom. Da ist das wunderbare Grab von Bischof Bocholt, der den gotischen Chor erbauen ließ, da ist die Tauffünte, die nun einen besonderen Platz im Rund für die Taufgottesdienste bekommen hat, da ist der Lettner, den ebenfalls Bernt Notke geschaffen hat mit den Patronen des Doms: Nikolaus, Johannes der Täufer und Bischof Blasius. Und es gibt so viele schöne Altäre, die im Krieg ausgelagert waren und nun zurückgekehrt sind. Und da sind auch noch die barocken Seitenkapellen, die – protestantische – Domherren zu ihren Grabkapellen machten.

Einmal rund um den Dom – es lohnt sich!

Ja, das stimmt. Wieder draußen, schwenken wir links ab und umrunden zunächst einmal das Westwerk mit seinen beiden mächtigen Türmen, die noch so ganz der Romanik verhaftet sind. Aber halt! Was da zu ihren Füßen hervorragt wie ein Sockel, ist doch nicht alt, oder? Ist es nicht, und das muss ich erklären. Als Palmarum 1942 die Innenstadt bombardiert wurde, stand auch der

Dom in Flammen. Die Turmhelme verbrannten, Gewölbe stürzten ein, und vor allem der schöne Chor war noch lange Zeit danach dem Verfall preisgegeben. Doch dann sollte die Silhouette der sieben Türme wiedererstehen, also der Dom auch seine Spitzen zurückbekommen, diesmal aber nicht als hölzerner Bau, sondern aus Beton. Aber da gab es ein Problem: Die Türme neigten sich, das Fundament aus großen Wackersteinen auf sandigem Grund gab nicht mehr die nötige Standfestigkeit. Was also tun? Ein genialer, aber doch höchst schwieriger Vorschlag: die Türme auf eine feste Platte zu stellen und diese dann langsam hochzudrücken. Sie staunen, nicht wahr? Wie soll so etwas gehen! Aber es ging: Man presste Stahlanker in das steinerne Fundament und umgab sie mit einem Betonkranz, dann trieb man schräge Stützen metertief in den Untergrund, und dazwischen wurden hydraulische Pressen geschoben, die nun die Türme langsam wieder ins Lot hoben – mit 1.000 Tonnen Druck. Haben Sie das

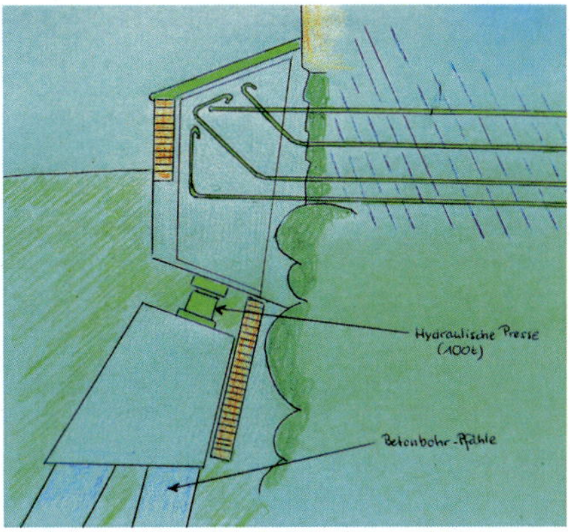

gewusst? Und hätten Sie es für möglich gehalten? Aber seitdem steht das Westwerk wieder auf sicheren Füßen. Auch wenn das Mauerwerk darüber vielfach zerbröselt und über Jahre hinweg saniert werden muss.

Auch südlich des Domes gibt es manches zu entdecken: Da ist zunächst der Mühlenteich, umrahmt von einer hübschen Parkanlage. Und wieder eine Frage: Woher bekommt dieser Teich eigentlich sein Wasser? Antwort: aus der Wakenitz, auch wenn es nach dem Kanalbau nur noch unterirdisch herbeigeführt wird. Und wieso ist es eine so große Wasserfläche? Weil man im

Mittelalter das Flüsschen mit mehreren Dämmen immer weiter aufgestaut hat, um zahlreiche Mühlräder anzutreiben. Hier, wo der Mühlendamm um 1550 sechs Mühlen aufgenommen hatte, ist also tatsächlich die verborgene Mündung der Wakenitz in die Trave. Doch nach und nach verschwanden die Mühlen, die Fleete wurden zugeschüttet, nur am Ausfluss blieb eine Mühle erhalten, die bis 1955 noch als Weizenmühle diente. Danach übernahm eine Bürgerinitiative die Anlage und betreibt nun ein kleines Wasserkraftwerk. Das wissen selbst die Einheimischen meist nicht – jetzt sind Sie ihnen an Wissen voraus! Trotz einer Absenkung des Wasserspiegels beträgt der Höhenunterschied zur Trave immer noch rund zweieinhalb Meter.

Am Ufer zum Dom hin lag der Kreuzgang des Kapitels mit einem Spitalbau, und da es kein Kapitel mehr gab, hat man beides zu großen Teilen abgerissen und 1893 dort in schönster Neogotik einen Museumsbau errichtet, der allerdings 1942 ebenfalls ausbrannte und dann durch einen sehr schlichten Neubau ersetzt wurde. Heute ist dort Lübecks naturkundliche Sammlung zu betrachten. Aber keine Angst, ich schleppe Sie jetzt nicht dort hinein, doch einen Blick in den Innenhof sollten Sie nicht versäumen, denn dort liegt das größte Exponat in einem riesigen Glaskasten: das rund 14 Meter lange Skelett eines Pottwals, der 1997 vor der Insel Römö strandete. Nun – zuviel versprochen?

Jetzt aber weiter um den Chor des Domes herum, denn ein besonderes Highlight habe ich bis zuletzt aufgehoben: die 1255 errichtete Vorhalle am nördlichen Querschiff, die zum einstigen Haupteingang führte (dessen reich geschmücktes romanisches Portal absolut sehenswert ist). Bischof von Diest hatte die Halle in Auftrag gegeben, ein Rheinländer, der aus seiner Heimat diesen beschwingten burgundischen Stil kannte, der schon die Gotik ahnen lässt. Und es gelang ihm, ihn in Backstein zu übersetzen, und wo das nicht ging, hatte er ja seine Beziehungen zu rheinischen Steinmetzen, die die schlanken Säulchen und die vielen Kapitelle

mit ihren Figuren beisteuerten – ein Gesamtkunstwerk, was die Bomben zwar überlebte, dann aber unter dem einstürzenden Giebel des Querhauses zerstört wurde. Erst 1982 gelang es, aus den eingelagerten Trümmerteilen die Halle neu entstehen zu lassen.

Ihr Name: Paradies. So hießen solche Vorhallen auch in anderen Kirchen. Sie dienten nicht nur als Eingang, sondern auch als Gerichtsstätte für alle kirchlichen Vergehen, über die ein Bischof zu urteilen hatte. Und sie waren zugleich Zufluchtsstätten, um dem weltlichen Gericht zu entgehen. In vielen Religionen gab es seit undenklichen Zeiten das Recht, den Schutz einer Gottheit zu suchen und in deren Haus Asyl zu finden. So auch im Dom, der ja dem Rat keinen Zugriff erlaubte. Allerdings prüfte der Bischof schon, wes Geistes Kind der Asylsuchende war, ehe er Zugang gewährte, und Mörder und ähnliche Schwerverbrecher überließ er dann doch der weltlichen Gewalt. Sollte ein Gottesmann zum Richtschwert greifen?

Ja, das Paradies! Darauf hofften alle Gläubigen, wenn es ans Sterben ging. Aber wer von ihnen kann schon so heiligmäßig durchs Leben gehen, dass er dort Heimatrecht erhalten könnte! Doch die Kirche wusste Rat: All die Sünden, die sich so angesammelt hatten, konnten auch nach dem Tod noch abgebüßt werden im ‚Purgatorium', dem ‚Reinigungsort', aus dem dann die Bezeichnung ‚Fegefeuer' entstand, mit dessen furchterregenden Strafen gewiefte Ablassprediger den Leuten das Geld aus dem Lederbeutel zogen, um die Qualen zu verkürzen. Die allerschlimmsten Sünder hatten allerdings auch hier keine Chance, auf sie wartete das ewige Höllenfeuer. Warum ich Ihnen das alles erzähle? Weil das erklärt, warum die schmale Gasse, mit der wir nun in Richtung Mühlenstraße den Dombezirk verlassen, bis heute den Namen ‚Fegefeuer' trägt, denn sie läuft geradewegs auf das Paradies zu. Und seitlich davon finden wir sogar die Hölle – der Name eines kleinen Gangs. Doch es lohnt sich, hineinzuschauen. Und, finden Sie nicht auch? In *dieser* Hölle lässt es sich durchaus aushalten.

Im Reich der kleinen Leute – rings um die Tilgenkark

Während wir jetzt in die Mühlenstraße einbiegen, muss ich wohl einiges erklären: Am Osthang des Stadthügeln siedelten die weniger betuchten Handwerker der kleinen Zünfte. Und irgendwann erhielten sie auch eine eigene Kirche – jedenfalls wurde sie erstmals 1226 in einer Urkunde erwähnt. Und sie war dem heiligen Ägidius geweiht, niederdeutsch eben ‚Tilgen' oder auch ‚Illigen'. Unser Weg führt nun die Mühlenstraße abwärts in Richtung Mühlenbrücke. Aber wir sollten uns umsehen in dieser alten Handelsstraße, die schon vor der Gründung der Stadt von Bardowiek kommend durch eine Wakenitzfurt und über den Hügel Buku hinweg nach Alt-Lübeck an der Schwartaumündung führte. Noch immer ist sie eine belebte und beliebte Straße mit Geschäften und vielen Einkehrmöglichkeiten, aber auch mit Häusern aus vielen Jahrhunderten – vom Renaissancegiebel bis zum Nachkriegsbau. Wir können also ganz im Vorübergehen ein wenig Stilkunde betreiben.

Renaissance (Nr. 60)

Barock (Nr. 26)

Klassizismus (Nr. 24)

eogotik (Nr. 58)

Historismus (Mühlenbrücke 1)

Jugendstil (Nr. 70)

Inzwischen haben wir linker Hand die Straße ‚An der Mauer' erreicht, und sie lag auch unmittelbar hinter der alten Stadtmauer, die Lübeck gegen die Wakenitz (die heute als Krähenteich daherkommt) sichern sollte. Und tatsächlich findet sich noch ein Rest dieser Mauer einschließlich eines halbrunden Turms, denn drei kleine Fachwerkhäuser aus der Renaissance nutzen sie als Rückfront, ehemals Buden, die zu einem der Ackerhöfe gehörten, die hier noch innerhalb der Stadt Platz gefunden hatten. Ein hübscher Anblick mit den vorkragenden Obergeschossen, den kleinen Dachgauben und den schönen Sprossenfenstern, finden Sie nicht auch?

Doch lassen Sie uns einige Schritte wieder zurückgehen, um in ein Gässchen mit dem geheimnisvollen Namen ‚Düvekenstraße'einzubiegen. Nun dürfen Sie einmal raten, welche Bedeutung dahintersteckt. Mit einer kann ich gleich einmal dienen, nämlich der ältesten, noch lateinischen Bezeichnung von 1293. Sie lautet ‚platea diaboli', und folglich heißt sie dann 1310 auf niederdeutsch ‚Düvelstrate'. Also hat der Satan hier einmal Pate gestanden, aber warum gerade hier? Keine Ahnung. Jedenfalls erschien der Name doch recht anstößig, so dass man die Gasse später ‚Kleine St. Annenstraße' nannte, und 1768 machte man sogar eine ‚Taubenstraße' daraus, weil doch dieser Vogel plattdeutsch ‚Doov' hieß. Nicht wahr, eine elegante Lösung, nur eben schlichtweg erfunden. Und 1852 legte man sich dann endgültig auf ‚Düvekenstraße' fest. Nun können Sie selber entscheiden, ob hier nun ein Teufelchen oder ein Täubchen in einem dieser gut gepflegten Fachwerkhäuser zuhause ist. Immerhin stammen sie bereits aus der Gotik, auch sie waren einst Buden eines Ackerhofes.

Und ein Ackerhof war es auch, den eine Gruppe reicher Lübecker für die Gründung eines Nonnenklosters erwarb. Das hatte eine komplizierte Vorgeschichte: Junge Frauen wurden meist nicht aus religiösen, sondern aus sozialen Gründen in ein Kloster geschickt. Denn wenn man sein Töchterlein nicht unter die Haube bringen konnte, sollte es wenigstens den Schleier nehmen (um jene alte Bildersprache zu verwenden). Irgendwie sollten sie ja versorgt werden, und in den Klöstern wurde ihnen sogar eine erstaunliche Bildung zuteil. Nun hatten die Lübecker Patrizier ihre Töchter seit langem in zwei Klöster in Mecklenburg geschickt – Rehna und Zarrentin – und dafür so manche fromme Stiftung gemacht. Doch plötzlich störte sich der mecklenburgische Herzog an diesen ‚Ausländerinnen', schikanierte sie vielfältig und warf einige sogar ganz hinaus. Auch eine Intervention des Rates schaffte keine Abhilfe. Daraufhin taten sich eine Reihe besorgter Väter zusammen – alle aus ratsfähigen Familien – und baten den Rat, neben dem überfüllten Johanniskloster ein zweites Nonnenkloster zu genehmigen. Der hatte nur zwei Fragen: Habt ihr ein Grundstück, und habt ihr das nötige Geld? Und als das geklärt war, bat man auch den Bischof um Zustimmung, der stellte die gleichen Fragen und gab dann seine Erlaubnis. Eine Kommission wurde eingesetzt, und die erwarb drei Adelshöfe in der damaligen Ritterstraße, der einzige relativ wenig bebaute Platz in der Stadt. Dann wurden die Kirche, der Kreuzgang mit den dazugehörigen Gebäuden und ein Wirtschaftshof errichtet und 1515 konnten die ersten Nonnen dort einziehen (zwei Jahre vor der Reformation, die dann auch in Lübeck bald alle Klöster schließen würde. Doch das konnte schließlich niemand ahnen).

1530 wurde die freie Reichsstadt Lübeck lutherisch, die Klöster wurden aufgehoben, allerdings mit Übergangsfristen für die dort lebenden Mönche und Nonnen. 1538 verließen die letzten Frauen das St. Annen-Kloster. Ab 1601 wurde es als ‚Armen- und Werkhaus' genutzt, untergebracht wurden Waisenkinder, Mittellose, aber auch Bettler wurden eingewiesen und zur Arbeit verpflichtet – Zuchthaus war die treffende Bezeichnung. 1835 brach eine Feuersbrunst aus, acht Jahre später verheerte ein weiterer Großbrand die Anlage. Die Kirche blieb Ruine, die

anderen Gebäude wurden wieder aufgebaut. Nun waren sie fast nur noch ein Ort der Zwangsarbeit für die dort eingewiesenen Personen, denn anders als bei Gefängnisstrafen galten Zuchthäusler als ehrlos und verloren ihre bürgerlichen Rechte. Das mit der ‚guten alten Zeit' hätten die Insassen wohl kaum unterschrieben!

Doch mit dem Bau einer modernen Strafanstalt harrte das Kloster anderer Aufgaben, und die fanden sich: Die Vorsteherschaft hatten schon 1907 die Idee, hier ein Museum einzurichten, und nach vielem Hin und Her konnte es tatsächlich am 23. September 1915 eingeweiht werden: Das Erdgeschoß war wieder in die Klosterzeit zurückverwandelt und zeigte die mittelalterliche Kunst Lübecks, das Obergeschoß wurde für eine Präsen-

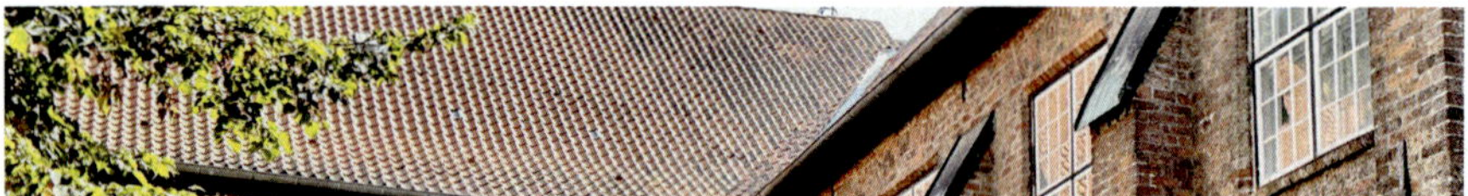

tation der Wohnkultur hergerichtet. Auch wenn seitdem manches umgestaltet wurde – am Gesamtkonzept hat sich nichts verändert. Nur eins ist neu: Im Jahr 2003 hat eine Stiftung der Stadt eine Kunsthalle geschenkt, und die ist in den Überresten der abgebrannten Klosterkirche entstanden.

Ich kann jetzt unmöglich mit Ihnen hier einfach vorbeigehen, wenigstens einen ersten Blick sollten wir in das Museum tun. Und ich bin sicher: Sie werden mit viel Zeit noch einmal wiederkommen, um sich seine Schätze gründlicher anzuschauen.

Falls die Liste vollständig ist: 24 Altäre, meist noch mit Flügeln, sind rings um den Kreuzgang zu betrachten, und zu jedem könnte man eine Geschichte erzählen. Sie stammen aus verschiedenen Kirchen und sind fast durchweg Stiftungen frommer Bruderschaften, also Seitenaltäre. Nur einer ist ein echter ‚Hochaltar', stand also als Hauptaltar im Chor, und zwar von St. Ägidien – bis 1701. Da war er einfach unmodern geworden und wich einem Barockaltar, später kam er dann in die Kapelle des Siechenhauses in Klein Grönau, und seitdem wird er unter dem Namen ‚Grönauer Altar' geführt, als man ihn dem Museum überließ. Entstanden ist er um 1430 in Flandern, aus Eichenholz geschnitzt umfasst er sieben Szenen aus der Passionsgeschichte. Merkwürdig ist ein Aufsatz, der für sich genommen ebenfalls ein Flügelaltar ist und die Geburtsgeschichte Jesu darstellt.

Christus in der Vorhölle

Auferstehung

Und das berühmte Gegenstück ist dann der Passionsaltar, den Hans Memling 1491 im Auftrag der Kaufmannsfamilie Greverade für ihre eigene Kapelle im Dom gemalt hat. Hier gehen zahlreiche Szenen der gleichen Geschichte ineinander über, hineingestellt in drei Landschaften auf den drei Flügeln. Die sind doppelt einzuklappen. Während das großartige Bild damals nur an hohen Feiertagen zu sehen war, bieten sich die beiden geschlossenen Ansichten für die Sonntage (mit vier großen farbigen Heiligenfiguren) und für den Alltag dar (mit der Verkündigungsszene, gemalt in Grisaille-Technik, also ausschließlich in Grautönen).

Wir sollten dabei nie vergessen, genauer hinzuschauen, um all die wunderbaren Kleinigkeiten nicht zu übersehen, bei denen die Künstler gern einmal ganz profane Szenen eingefügt haben – wie bei dem Sippenaltar, den die Georgsbruderschaft 1510 der Burgkirche gestiftet hat – also eine Darstellung der Großfamilie Jesu, wie man sie sich laut späteren Legenden vorgestellt hat.

Neben den Altären finden sich auch viele Skulpturen von Heiligen. Aus der abgerissenen Burgkirche stammen die klugen und die törichten Jungfrauen (wobei eine fehlt!), ein beliebtes Motiv vieler Bildhauer nach dem Gleichnis Jesu. Ihnen oft beigegeben zwei Symbolfiguren: die Synagoge als Symbol des Alten Bundes mit verbundenen Augen, weil sie den Messias nicht erkannt hat; und die stolze Ecclesia, also die christliche Kirche.

Schauen wir wenigstens kurz auch noch ins obere Stockwerk, in dem man verschiedene Räume aus unterschiedlichen Epochen eingebaut hat.

Eine typische Diele aus dem 17. und 18. Jahrhundert, zusammengestellt aus zwei Räumen (Mengstraße 50; Glockengießerstraße 20)

Barocke Wandgestaltung

Klassizistischer Gartensaal

Aber dann heißt es wieder hinaus und rechts in die St. Annen-Straße. Im Vorbeigehen schauen wir zur Rechten auf die jüdische Synagoge, die 1938 vom Feuer verschont blieb, aber geplündert und geschändet wurde. Dann hat die Stadt sie übernommen. Der ‚maurische Stil' war damals natürlich verpönt, so hat man die Fassade arisiert und das Gebäude für alle möglichen Zwecke genutzt. 1945 erhielt eine kleine jüdische Gemeinde die Synagoge zurück. Lange hat man gestritten, ob die Fassade bleiben darf, doch letztlich war auch sie ja ein historisches Zeugnis, nur dass das Hakenkreuz wieder dem Davidsstern gewichen ist.

Den Ägidienhof zur Rechten lassen wir jetzt links liegen, obwohl auch er viel zu erzählen hätte: Einst hatte dort ein Beginenkonvent seine Heimstatt, dann wurde daraus ein Waisenhaus, nach dessen Auflösung zogen Behörden ein, und heute ist das Ganze ein alternatives Wohnprojekt. Aber uns zieht nun St. Ägidien an, eine dreischiffige gotische Hallenkirche und die kleinste in Lübecks Innenstadt.

Dennoch hat auch sie mancherlei Kunstschätze zu bieten, denn sie blieb (bis auf die durch eine Luftmine zerstörten Fenster) vom Krieg verschont. Dass man ihr eine Barockaltar gestiftet hat, wissen wir ja bereits, und auch die Kanzel stammt aus dieser Zeit, ebenso wie der Orgelprospekt. Aber das Eindrucksvollste ist sicherlich der Singechor (also kein Lettner mehr, denn er stammt aus der Zeit der Renaissance und des Protestantismus). Geschnitzt wurde er von Tönnies Evers, genauer: dem jüngeren Tönnies, der zu den bedeutendsten Schnitzern dieser Zeit gehört. Ihm verdanken die Lübecker nicht nur den farbenprächtigen Erker am Rathaus, den wir uns gleich noch näher anschauen wollen, sondern auch die leider weitgehend verbrannte Täfelung der Kriegsstube im Rathaus, die einmal weltweit geschätzt war.

Ecce Erebi uictor, Sathanae mortisq. resurgit.
Mortuus ut regnet Christus ubiq. Deus.
HINRICK·MEYER
LAURENS·RUSSE

In der Reformationszeit spielte St. Ägidien eine wichtige Rolle: Hier predigte einer der ersten lutherisch gesinnten Geistlichen, Andreas Wilms, hier wurde zum ersten Mal das Abendmahl ‚in beiderlei Gestalt' gefeiert – also mit dem Kelch auch für die Laien, und hier ist mit dem Pastor Johann by der Erde zum ersten Mal ein Geistlicher eine Ehe eingegangen. Alles Dinge, die für das Domkapitel, dem die Kirche unterstand, abscheuliche Ketzereien waren.

Bevor wir uns jetzt in Gedanken darüber verlieren, warum sich Christenmenschen so gegenseitig bekriegt haben, wandern wir lieber vom Eingang in der Nordseite quer über die Straße auf der Suche nach dem Einlass in einen Gang, der durch den Wandel der Besitzverhältnisse 1449 zu einem Durchgang wurde – wie es danach hieß, einem ‚dorganden Hagen'. Dass sich im Inneren heute ein kleiner Platz, sogar mit einem Baum darin, gebildet hat, liegt am Abbruch einiger Buden. Dabei sind es genaugenommen eigentlich zwei Durchgänge, denn zur Wahmstraße hin teilen sich zwei Gänge den Ausgang, und wir können wählen, ob wir dort einen sehr schmalen oder einen breiteren Weg wählen. Übrigens: Längst nicht alles, was wir hier sehen, ist tatsächlich alt, eine ganze Budenreihe an der Ostflanke wurde 1982 abgerissen und völlig neu aufgebaut, mit einigen Anpassungen an moderne Anforderungen. Und was denken Sie? Was waren das für Menschen, die hier einmal gewohnt und zum Teil auch gearbeitet haben? Aus dem Jahre 1663 haben die ‚Schoßherren', also die Ratsmitglieder, die für die Grundsteuern zuständig

waren, das ganze Quartier kontrolliert und dabei notiert, wie die seinerzeit 26 Haushalte ihre Brötchen verdienten (wobei das sicherlich eher hartes Brot war): zehn Arbeitsleute (also wohl Tagelöhner), drei Handwerksgesellen, je zwei Träger (Hafenarbeiter) und Spielleute, ein Bootsmann, ein Soldat und ein Knecht. Alles typische Berufe für Gangbewohner.

1982 neu errichtete Budenreihe

Haben Sie sich entschieden, welchen Ausgang wir jetzt nehmen sollen, um nach links abzubiegen in eine jener gerne ‚Rippenstraßen' genannten Straßenzüge, die im rechten Winkel oben auf dem Höhenzug auf die alte Handelsstraße stoßen, die von Süd nach Nord dem Hügel folgt? Diese trägt den geheimnisvollen Namen ‚Wahmstraße' – oder kennen Sie etwa seine ursprüngliche Bedeutung? Nein? Dann sei es hiermit erklärt: Anfangs hieß sie nämlich ‚Wagenmannstraße' oder – 1259 noch auf Latein – ‚platea aurigarum', also Straße der Wagenlenker (wobei hier der ‚auriga' natürlich nicht für altrömische Rennen verantwortlich zeichnete, sondern eher für

die elend langsamen Karren, mit denen in hansischen Zeiten die Waren transportiert wurden). Erst 1852 und nach vielen Änderungen wurde daraus dann der heutige Name. Später dominierten hier eher die wuchtigen Renaissancegiebel der Brauerzunft – denn Bier war das eigentliche Volksgetränk angesichts der schlechten Wasserqualität. Rund 180 solcher Brauhäuser gab es im Mittelalter, und hinter den hohen Giebeln verbargen sich bis zu sechs Speicherböden für Gerste und Malz. Dabei wur-

de das Bier in vielen Häusern ausschließlich für den Export gebraut: Das waren die ‚Rotbrauerhäuser', während die ‚Weißbrauer' für das leichter verderbliche Stadtbier verantwortlich waren.

Und noch etwas sollte ich Ihnen erzählen: Zum Brauen wird viel Wasser benötigt, und die Brunnen auf dem Stadthügel gaben nur wenig her. Also holte man das Wasser aus der Wakenitz, denn das Travewasser war bereits zu salzhaltig. Aber Eimer für Eimer das Nass in die Häuser zu tragen, mag für den Privathaushalt sinnvoll sein, die Brauer dagegen benötigte für

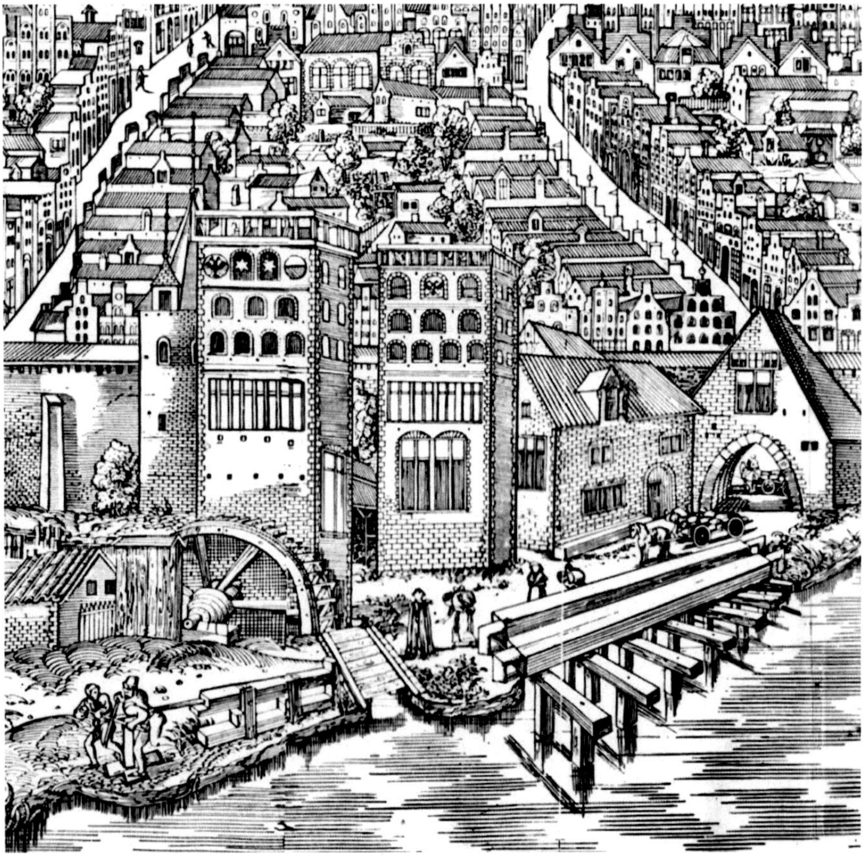

Elias Diebel, Ausschnitt aus der Stadtansicht von Osten, 1559

jede Bräu, die ihnen einmal pro Woche erlaubt war, etwa viertausend Liter Wasser. Und dafür schufen sie – natürlich mit Genehmigung eines hochweisen Rats – ein Röhrensystem, das bald ganze Straßenzüge durchzog. Nun fließt Wasser bekanntlich nicht bergauf. Deshalb sicherte sich die Stadt alle Rechte am Wakenitzwasser, und die Brauer errichteten am Hüxterdamm eine Wasserkunst – also ein Pumpwerk, das per Wasserkraft die Flüssigkeit in hohen Wassertürmen speicherte und von dort bis auf den Hügel hinauf drücken konnte. 1294 beschrieb eine Rechtsvorschrift diese Funktion eines solchen Turms: „van deme watere mit raden in de stat gehelet ist." Es war übrigens die erste Wasserleitung, die seit den Zeiten der Römer in einer deutschen Stadt errichtet wurde. Über neun Kilometer lang waren schließlich die hölzernen Röhren, die bis Mitte des 19. Jahrhunderts weite Teile der Stadt (nicht nur für die Brauhäuser) mit dem Wakenitzwasser versorgten. Dafür wurden Eichenstämme quadratisch zurechtgesägt und entweder in ganzer Länge durchbohrt oder besonders in den ersten Jahrhunderten in zwei Teile geschnitten, die eine Rinne in der Mitte umschlossen. Die Anschlüsse bestanden oft aus Bleimuffen, die an beiden Enden an das Holz genagelt und abgedichtet wurden. So – nun sind Sie hoffentlich ein wenig schlauer geworden!

Elias Diebel, Anfertigung einer Röhre durch Bohrung

Kohlmarkt, Gebäuderiegel zum Markt

Wenn wir jetzt die Wahmstraße ganz hinaufgehen, findet sie ihre Fortsetzung im Kohlmarkt, der nur durch einen flachen Gebäuderiegel vom eigentlichen Markt getrennt ist. Hier oben wird sichtbar, welche Wunden der alliierte Bombenangriff Palmarum 1942 gerade im Herzen der Stadt geschlagen hat, denn ringsum sehen Sie fast nur noch Neubauten, die allerdings auch schon etliche Jahrzehnte alt sind und die Nachkriegsarchitektur widerspiegeln – zwar Backstein, aber schlicht. Und vor allem: statt der Kleinteiligkeit mit ihren schmalen Fassaden zur Straße hin langgestreckte Traufenhäuser. Und später dazu dann raumgreifende Kaufhausarchitektur.

Man hat den Kohlmarkt als Teil der Ost-Westachse ebenso verbreitert wie die obere Holstenstraße, und die Planer hätten fast auch die schönen Giebel in der Wahmstraße für eine autogerechte Querung abgerissen. Glücklicherweise kam es nicht dazu – und ich hätte Ihnen die ganze Geschichte von den vielen Brauern, ihren Häusern und ihrer Wasserleitung wohl kaum erzählt. Aber lassen wir das Unerfreuliche hinter uns und gehen hinüber zum Markt. Und lassen Sie sich von irgendwelchen selbsternannten Lübeck-Kennern nicht

Blick von der verbreiterten oberen Wahmstraße in die unzerstörte untere Wahmstraße

ins Bockshorn jagen: Lübecks Markt heißt tatsächlich nur ‚Markt', also weder Marktplatz noch gar Rathausmarkt wie in Hamburg (Auch wenn es daneben noch andere Märkte gibt wie den Kohlmarkt und den Pferdemarkt). Basta!

Wenn wir jetzt also vom Kohlmarkt dorthin gehen, gilt wohl stets der erste Blick dem Rathaus, das die ganze Nordostecke einnimmt. Doch dem wollen wir uns später und genauer widmen. Schauen wir erst einmal in die Runde. Da sind an drei Seiten die schlichten Bauten der ersten Nachkriegsjahre, die sich bewusst dem Rathaus unterordnen wollten. Aber da ist auch im Westen ein Neubau, der bis heute die Gemüter entzweit. Vielleicht kann ich das so zusammenfassen: ein eindrucksvolles Gebäude eines bekannten Architekten, aber vielleicht am falschen Platz. Sei's drum, an dieser Stelle hat schon manches gestanden, was architektonisch weit weniger beeindruckend war.

Südriegel

Nordriegel

Beginnen wir mit den hölzernen Buden, die einst weite Teile des Marktes rahmten. Denn der war anfangs viel größer und ist im Laufe der Zeiten immer kleiner geworden. Ursprünglich dehnte er sich zwischen St. Petri und St. Marien, reichte im Osten bis an die Breite Straße, die damals noch Heumarkt hieß. Und im Westen war es die Straße ‚Schüsselbuden', die die Grenze bildete. Und Sie sollten auf die Namen achten! Neben den Schüsselbuden gab es noch zwei Gassen, die im Norden zum Marienkirchhof führten: der Weite und der Enge Krambuden. Also ringsum nur hölzerne

Verkaufsstände, zwischen denen hindurch diese schmalen Straßen führten. Den Weiten Krambuden gibt es bis heute, dabei nannte ihn schon die erste, noch lateinische Bezeichnung bereits so: ‚platea institorem', also Straße der Krämer. Und der Enge Krambuden, der unmittelbar am Rathaus entlanglief, hat erst in der Bombennacht 1942 sein Ende gefunden. Beim Wiederaufbau wurde er nicht wieder aktiviert, dafür wurde ein Weg durch den neugeschaffenen Rathaushof geschaffen (der seit kurzem Charlotte Landau-Mühsam Platz heißt). Bald aber wurden die vielen schmalen Grundstücke rings um den Markt mit steinernen Häusern bebaut.

Noch einmal zu dem Kaufhaus-Bau im Westen: Dort wurde bereits 1892 die gesamte Front abgerissen, um einen ziemlich überladenen neogotischen Palast für die kaiserliche Hauptpost zu platzieren, mit vielen Türmchen und Zinnen, wie es damals Brauch war. Beide waren dem Luftangriff nicht gewachsen, das Gebäude wurde seiner Krone beraubt, blieb aber sonst erhalten. Doch in den 1950er Jahren war die Neogotik völlig out, wie man heute so sagt, und dem Postgebäude wurde eine schlichte Backsteinfassade vorgesetzt, die sich nun der Nachkriegsbebauung anbiederte. 2003 aber zog die Post aus, das Gebäude sollte abgebrochen werden, und wie auch sonst in Lübeck üblich, begann sofort der Streit um das neue Gesicht der Westseite. Wieder Kleinteiligkeit oder doch ein großer Komplex? Anpassung an historische Formen oder absolute Modernität? Selbst Lübecks Status als Welt-

kulturerbe schien auf dem Spiel zu stehen. Doch die Stadt entschied sich für den Entwurf, dessen Ergebnis Sie jetzt dort bestaunen (oder meinetwegen auch beklagen) können – ich halte mich da heraus. Jedenfalls wollte der Architekt mit der Dachlandschaft an die Giebelstruktur der Stadt anknüpfen.

Ich sehe schon: Sie schauen ständig zum Rathaus hinüber! Also gut – nehmen wir dieses historische Gebäude ein wenig in Augenschein.

Hier sitzt ja nicht nur die Verwaltungsspitze einer kreisfreien Stadt, hier haben jahrhundertelang Ratsherren und Bürgermeister einer freien Stadt des Reiches regiert, und sie waren in einem Bunde mit vielen anderen Städten, der als ‚dudesche hense' eine wirtschaftliche und politische Großmacht in Nordeuropa darstellte. Und der jeweils regierende Lübecker Bürgermeister war ihr ‚Vormann', wie es ganz bescheiden hieß, Moderator, Organisator und notfalls Sprecher und Verhandlungsführer gegenüber den Fürsten rings um Nord- und Ostsee. Ja, falls alle Diplomatie versagte, auch Heerführer und Befehlshaber einer Kriegsflotte.

Das alles machte Lübecks Rathaus zum Zentrum der Macht, denn hier versammelten sich die Gesandten der Hansestädte zu den ‚Tagfahrten', um Interna zu regeln, vor allem aber, um gemeinsame Ziele durchzusetzen – und das waren vor allem Handelsprivilegien (sprich: Ausschaltung der Konkurrenz) und Zollfreiheit dort, wo das Meer sich verengte und etwa dem dänischen König die Chance bot, für die Durchfahrt zu kassieren.

Genug Theorie, schauen wir auf das Gebäude. Und wenn ich jetzt sage, hier können Sie drei Baustile zusammen sehen, werden Sie vielleicht erstaunt danach suchen. Aber es stimmt. Dass hier ein gotischer Bau in der Renaissance einen schönen Vorbau erhielt – geschenkt, das erkennen Sie natürlich. Aber was und wo ist nun der dritte? Da muss ich Ihnen wohl etwas helfen. Schauen Sie einmal genau auf die große Schaufront, die Schildmauer hinter der Sandstein-Laube. Sie verbindet nämlich drei Giebel von drei nebeneinanderliegenden Häusern, die zusammen das Rathaus bilden. Zwei davon haben Spitzbogenblenden, gehören also in die Gotik, doch der ganz rechts hat runde Bögen. Ja, er ist tatsächlich der letzte sichtbare Teil der aus der Romanik stammenden Häuser. Ich verspreche Ihnen: Wenn Sie von jetzt an anderen das Rathaus zeigen, können Sie damit schwer punkten!

Die drei Häuser sind das eine, etwas anderes ist der lange Bau an der Ostseite, nicht umsonst als ‚langes Haus' bekannt. Oder auch als ‚Danzelhus', denn dort hatte der Rat einen großen Saal auf steinerne Säulen gesetzt, um für die zahlreichen Empfänge und Feste genügend Raum zu schaffen. Das war 1296, während der Altbau, der auch als ‚Gewandhaus' für die reichen Tuchhändler diente, bereits um 1240 bezogen wurde. Um 1435 kam dann noch das ‚neue Gemach', ein südlicher Anbau an das Danzelhus, hinzu, nun hochgotisch geschmückt mit einer türmchenbewehrten Schaufront. Seit 1260 gab es eine überdachte Laube vor dem Rathaus, von der aus der ‚Gemeene', also der Versammlung aller Bürger, die ‚Burspraken', die Verordnungen des Rates, verkündet wurden. Diese Laube ließ der Rat dann 1570 von niederländischen Meistern durch einen repräsentativen Sandsteinbau im neuen Stil der Renaissance

ersetzen. Sagte ich eben ‚Bürger' ? Damit waren keinesfalls alle Einwohner der Stadt gemeint. Bürger war nur, wer Grundbesitz und Vermögen besaß und einen Bürgerbrief, den man für viele Taler erwerben konnte. 1410 waren das rund 15% aller Bewohner. Die hatten allerdings nicht nur mehr Rechte, um zum Beispiel über neue Steuern zu entscheiden, sondern auch Pflichten, etwa die Mauern und Wälle zu besetzen, falls Krieg drohte.

Ich komme schon wieder ins Plaudern, wollten wir doch das Rathaus näher kennenlernen. Dazu gehen wir jetzt unter dem Danzelhus hindurch zur Breiten Straße, um nun auch die östliche Front zu betrachten. Lassen Sie uns auf die gegenüberliegende Straßenseite hinübergehen – aber nein, jetzt nicht ins Marzipanparadies von Niederegger verschwinden! Wir wollen uns nur umdrehen, um das Rathaus von dieser Seite zu betrachten. Und da fällt als erstes die Renaissancetreppe vor dem langen Haus ins Auge. Doch Vorsicht: Sie ist nur die Kopie einer Kopie, allerdings exakt nachgebildet:

Schon 1893 hat man die alte Renaissancetreppe durch eine Nachbildung ersetzt, die dann im Zweiten Weltkrieg gänzlich zerstört und 1951 neu errichtet wurde. Sie sollten sich jetzt einen Augenblick Zeit nehmen. um alle die dekorativen Einzelheiten zu betrachten, zu denen ein Renaissancekünstler damals gegriffen hat.

Aber wenige Schritte weiter können Sie dann ein so ganz anderes Werk aus dieser Zeit betrachten, weitgehend aus Holz gearbeitet, und zwar von jenem Tönnies Evers, den wir ja schon in St. Ägidien angetroffen haben. Sie erinnern sich? Der Singechor! Hier hat er dem Verbindungsstück zwischen Rathaus und Danzelhus einen farbenfrohen Erker vorgesetzt, und auch hier schaut allerlei Allegorisches auf den Betrachter hinab.

So, nun aber ein kleiner Rundgang durch das Innere. Dazu müssen wir erst einmal den Türzieher betätigen, doch der ist gar nicht so leicht zu finden zwischen den Figuren, die Lübecks bekannter Bronzegießer Johann Apengeter etwa 1345 geschaffen hat: Es ist ganz unten ein kleiner, aber beweglicher Hund! Und all das andere ringsum? Da ist Geschichtskenntnis gefragt: Von Weinlaub umrankt, thront in einem mittleren Ring die kaiserliche römische Majestät, umgeben von sieben kleineren Kreisen, in denen die Kurfürsten des Reiches dargestellt werden, kenntlich an den Wappenschilden, die sie in Händen halten. Deutlicher Hinweis: Diese Stadt untersteht allein dem Kaiser. Beide Flügel werden heute allerdings von Nachgüssen geziert, die Originale befinden sich im St. Annen-Museum.

Sie sind erstaunt? Ja, was hätten sie hinter diesen historischen Mauern denn erwartet? Einen bescheidenen Vorraum, eine seitliche Stiege ins Obergeschoß? Da sind Sie ganze dreihundert Jahre zu spät. Denn all das gab es schon, aber mit der historistischen Sanierung in den 1880er Jahren zog eine prunkvolle Neogotik ins Rathaus ein mit einem großzügigen Foyer und einer zweiläufigen Freitreppe hinauf, und das alles unter glasiertem Ziegelwerk an Säulen und Gewölberippen. Doch dies war nicht die einzige Erneuerung. Schon um 1750 musste der gotische Ratssaal zur Rechten einem hübschen Audienzsaal weichen, ausgeschmückt vom italienischen Rokoko-Künstler Stefano Torelli. Während Sie in aller Ruhe die Gemälde betrachten, die all die guten Eigenschaften einer weisen Stadtregierung allegorisch darstellen, muss ich dennoch eine hübsche Geschichte loswerden, die von Torellis damals sechzehnjährigem Töchterchen Camilla handelt,

die ihn hierher begleitet hatte – allerdings nur als kleines Bildnis, denn sie war im fernen Dresden geblieben. Doch das war wohl so bezaubernd schön, dass Lübecks Stadtkommandant, der Marquis de Chasot, spontan um ihre Hand anhielt, war er doch nur knapp drei Jahrzehnte älter. So holte man die Kleine nach Lübeck, und der Preußenkönig Friedrich II., der gerade mit den Sachsen im Krieg lag, sorgte höchstselbst dafür, dass sie heil hier ankam.

Das war etwas für alle Klatschmäuler: Der alte Franzose und die junge Italienerin! Und drei Jahrzehnte später gab es erneut Grund zum Kopfschütteln: Da war der Ballonfahrer Pierre Blanchard mit seinem Gefährt nach Lübeck gekommen, um es dem staunenden Publikum vorzuführen. Und Madame de Chasot? Sie raffte doch tatsächlich die Röcke und stieg in den Ballonkorb, um sich die Stadt (als erste überhaupt) auch von oben anzusehen. Welch ein Skandal!

Es wird Zeit, wenigstens noch in den Sitzungssaal der Bürgerschaft zu schauen. Auch er verdankt sich der historistischen Umwandlung des Rathauses, nur die neogotische Bestuhlung wurde 1959 durch moderne-

re Sitzgelegenheiten ersetzt. All die anderen Räume und die beiden Flure mit den Porträts der Bürgermeister müssen wir uns leider schenken, sonst kommen wir nicht weiter voran. Gibt es denn gar nichts mehr aus den Zeiten der Hanse? Das wollten Sie doch gerade fragen, nicht wahr? Sie sehen mich betrübt, denn es ist tatsächlich nur wenig sichtbar geblieben. Deswegen schnell noch einen Blick auf den Rest eines gotischen Wandgemäldes, das wohl Teilnehmer der Schlacht von Bornhöved zeigt, die sich bei der Heiligen Magdalena für ihre Hilfe bedanken (Sie hatte ihren Mantel vor die blendende Sonne gehalten). Und auf eine Ausmalung des Gewölbes im Erkerzimmer, die in die Renaissance zu datieren ist.

Aber die Zeit drängt. Treten wir also wieder hinaus in die Breite Straße, gehen linker Hand ein paar Schritte bis zu einem schmalen Durchlass, der schon den Blick auf die Marienkirche freigibt, unser nächstes Ziel. Aber, so warten Sie doch einen Augenblick und schauen sich um! Wohin? Nun, gleich rechts oder links, nur nach oben in den Torbogen, denn daran wollen wir nicht vorübergehen. So ein Bogen sitzt ja oft auf einem Kämpfer, einem tragenden Vorsprung. Und der ist hier etwas Besonderes – auf beiden Seiten. Da hat jemand ganz offensichtlich seinem Spott freien Lauf gelassen – oder wollte er mahnend den Zeigefinger heben? Wobei fraglich bleibt, wer mit diesem ‚Jemand' gemeint ist. Denn die Reliefs auf beiden Seiten waren derart verwittert, dass man sie im Museum eingelagert hat, und Otto Mantzel, der 1930 für Ersatz sorgen sollte, hat es mit der Reproduktion nicht besonders genau genommen, sondern als echter Künstler ein wenig eigene Ideen verwirklicht.

Auf der linken Seite ist das ursprüngliche Motiv allerdings wieder aufgenommen. Aber erkennen Sie, was da oben passiert? Also eine Erklärung: Es handelt sich um eine nicht ganz ungefährliche mittelalterliche Sportart, das ‚Strebkatzenziehen'. Und vielleicht sollte damit zugleich das Hin und Her der Argumente vor Gericht gemeint sein, denn verhandelt wurde ja ganz in der Nähe. Die Spielregeln: Zwei Männer knien einander gegen-

über, einen Seilring hinter den Köpfen und jeweils einen daran befestigen Knebel zwischen den Zähnen. Jetzt gilt es wie beim Tauziehen den Gegner zu besiegen. Nur, dass zwischen ihnen ein Feuerchen brennt. Dem Verlierer kann also ziemlich heiß werden. Und gegenüber? Auch hier geht es ums Streiten, diesmal allerdings tierisch, denn die beiden Hunde balgen sich um einen Knochen. Und rechts und links zwei Köpfe: Ein blinder Richter und ein Narr, der sich dabei ins Fäustchen lacht. Kommentar überflüssig.

Nun aber endlich zur Marienkirche. Doch wer sitzt dort neben dem Eingang zur Heiligen Jungfrau? Der Höllenfürst persönlich, schaut aber ganz freundlich drein, finden Sie nicht? Sie fragen: Was sucht der hier? Da müssen Sie schon die Sage kennen, und die lautet: Als man die Marienkirche baute, kam der Teufel vorbei und fragte, was hier entstehe. Ein Witzbold sagte: ein Wirtshaus. Das gefiel dem Satan, denn das bedeutete so manche sündhafter Trunksucht verfallene Seele. Also half er eifrig mit beim Bau, schleppte die schwersten Steine herbei, bis er zufällig die Wahrheit erfuhr. Da schleuderte er wütend einen Stein auf den Bau, doch der traf daneben. Und so sitzt er nun auf diesem Stein. Sicherheitshalber aber machten die Lübecker den Ratskeller zur Weinstube. Man kann ja nie wissen, was dem Teufel sonst noch so alles einfallen könnte…

Besuch bei einer alten Lady

Wie sollen wir sie jetzt bezeichnen? Marktkirche wie in den ältesten Urkunden? Kirche des Rats? Bürgerkirche? Oder gar Mutterkirche der Backsteingotik, wie die Kunsthistoriker sagen? Stimmt alles. Aber als Patronin gab ihr doch Maria, die Himmelskönigin, den Namen. Und ihr Altar steht ja (wieder) drinnen in ihrer ganz persönlichen Kapelle. Doch erst einmal müssen wir den Marientaler zahlen, auch wenn mancher Tourist sich darüber mokiert. Aber er weiß schließlich nicht, dass die Gemeinde viele Millionen Euro aufbringen muss, um ihr Gotteshaus vor dem Verfall zu retten. Übrigens: Jahrhundertelang war das Turmpaar mit 126 Metern die höchste Doppelturmspitze weltweit – bis 1880 der Kölner Dom endlich fertig wurde.

Wer aus der Vorhalle hinaustritt, wird unweigerlich staunen über die Höhe der Kathedrale. Mit 38,5 Metern hat St. Marien das höchste Backsteingewölbe der Welt – wieder so ein Rekord! Aber schauen Sie genau hin: fällt Ihnen etwas auf an den Pfeilern? Richtig – rechts zum Chor hin sind sie schlank und mit vielen Diensten fast zu Säulen gerundet, im Mittelschiff dagegen kräftiger, kompakter. Daran kann ich Ihnen die gesamte Baugeschichte erklären. Auch die Marienkirche war anfangs eine romanische Backsteinbasilika, bis man begann, sie zur Hallenkirche umzugestalten. Das war 1251. Doch schon um 1265, also mitten im Umbau, wurde die französische Kathedralgotik zum neuen Vorbild. So ersetzte man den Chor durch diesen schwindelerregenden Neubau, um festzustellen, dass er wenig Stabilität besaß. Als man das Kirchenschiff dann von Westen her neu baute, wählte der Baumeister deshalb kompaktere Pfeiler.

Doch nun sollten Sie sich dieses merkwürdige Pfeilerpaar anschauen, das zwischen Chor und Langhaus steht! Sie werden es rasch bemerken: Die beiden Pfeiler fallen völlig aus dem Rahmen! Sie sind wesentlich massiver, und sie scheinen nach oben hin abgeschrägt. Ich will Sie nicht lange rätseln lassen: Hier stehen die letzten zwei Stützen der romanischen Basilika! Warum? Weil man nicht wagte, sie ebenfalls abzureißen, als die beiden Teile zusammenwuchsen. So wurden sie so gut es ging der neuen Höhe angepasst. Doch können Sie heute daran erkennen, wie viel niedriger das alte romanische Gewölbe einmal gewesen ist! Und den Mut der Kathedral-Baumeister bewundern, sozusagen ihren Höhenflug.

Das Mittelschiff umziehen Laufgänge unterhalb des Obergadens, ehe er in die hohen Fenster übergeht. Und dazu muss ich wieder eine Geschichte erzählen. Nein, diesmal keine Sage, sondern eher ein Krimi aus unseren Tagen. Beim Brand Palmarum 1942 waren unter späteren Farbschichten in einigen Feldern im Langhaus diese schönen gotischen Malereien ans Tageslicht gekommen. 1951 erhielt der Restaurator Dietrich Fey den Auftrag, die Bilder zu restaurieren. Fey heuert dafür den Maler Lothar Malskat an. So weit, so gut. 36 Heiligenfiguren werden wieder aufgefrischt. 1952 wird der Auftrag auf den Chor erweitert, aber dort fanden sich kaum noch verwertbare Reste.

Doch Fey ermuntert Malskat, seine Fantasie walten zu lassen und schottet die Arbeiten hermetisch gegen jede Neugier ab. So prangen bald auch hier die schönsten scheinbar gotischen Heiligenfiguren, eine Sensation. Die Presse berichtet, die Post bringt Sondermarken heraus, und Fey wird gefeiert. Malskat dagegen nicht, und das verbittert ihn dermaßen, dass er sich selbst anzeigt und damit die Fälschungen offenbart. Es kommt zum Prozess, der Maler muss also selber nachweisen, dass er eine Straftat begangen hat, und wandert letztlich genauso ins Gefängnis wie Fey. Das machte diese Bilder eher noch berühmter, doch dem Kirchenvorstand ist solcher Ruhm nur peinlich, und so lässt er die falsche Gotik wieder abwaschen.

Jetzt aber zurück zur echten Gotik. Fast alle Kunstschätze in St. Marien wurden ein Raub der Flammen. Auch die Totentanzorgel, auf der Dietrich Buxtehude und Bach gespielt hatten. Nur weniges überstand den Feuersturm: Taufkessel und Sakramentshaus zum Beispiel, auch einige Figuren vom Lettner, die Benedikt Dreyer geschaffen hatte. Der größte Schatz aber ist der Antwerpener Altar, ein Marienaltar, der in die Briefkapelle gebracht worden war und deshalb unversehrt blieb.

Heute zeigt er gewöhnlich die geschnitzte Festtagsseite, die früher nur an hohen Festen geöffnet worden ist. In der Passionszeit werden die Flügel geschlossen, aber da er drei Wandlungen enthält, bleibt die volle Breite für die gemalten Szenen geöffnet. Erst eine weitere Schließung würde die Alltagsseite zeigen. So kann ich Ihnen jetzt – je nach Jahreszeit – eine der beiden Darstellungen zeigen, und die andere wenigstens als Bild: Oben sehen Sie hier also die sogenannte erste Wandlung, die Szenen aus der Weihnachtsgeschichte darstellt, und unten die prachtvolle Innenseite, in deren Mitte der Marientod gezeigt wird, umgeben von weiteren Szenen aus dem Marienleben, die teils auf Legenden zurückgehen.

FREIE UND HANSE

Wunderschön zum Beispiel das Bild mit der Anbetung der heiligen drei Könige. Daraus ein Ausschnitt. Und aus dem Schnitzaltar ein Blick auf den Mittelteil mit der Darstellung des Marientodes.

Wir stehen ja jetzt in der Marientidenkapelle, die um 1440 hinter dem Chorhaupt angefügt wurde als spezieller Ort für die Marienverehrung – übrigens: ‚tide' bedeutet hochdeutsch Zeit, und gemeint sind die verschiedenen Gebetszeiten, die damit verbunden waren. 1522 wurde ihr dann dieser Altar gestiftet. Nun bitte ich Sie, den Blick von diesem Kunstwerk abzuwenden und nach oben zu schauen! Ist dieses Gewölbe nicht genauso zu bewundern?

Und dann blicken Sie auch einmal hinter sich: An der Wand des Chorumgangs finden sich mehrere Sandsteinreliefs mit Szenen aus der Passionsgeschichte. Aber ich möchte Ihnen dort nur eine winzige Maus zeigen, die vom vielen Berühren schon ganz schwarz geworden ist. Sie nagt am Wurzelwerk einer Pflanze, die der Legende nach ein Rosenstock sein soll. Und dazu gibt es folgende Sage: Einst wuchs außen an der Kirche über viele Jahrzehnte hinweg ein Rosenstock, von dem gesagt wurde: Solange er blüht, wird Lübeck seine Freiheit behalten. Doch eines Tages begann er zu verdorren, und als man nachgrub, fand man an seinen Wurzeln ein Mäusenest. Und kurz darauf geriet die Stadt unter dänische Herrschaft. Daher habe der Rat die Maus dort abbilden lassen. Nun dürfen Sie selbst entscheiden, was zuerst da war: die Maus oder die Sage. Was ich darüber denke, verrate ich nicht.

Ehe wir die Kirche verlassen, möchte ich Ihnen noch zwei Dinge zeigen, die mit den Zerstörungen des letzten Krieges zusammenhängen. Wenn wir den Chorumgang auf der nördlichen Seite verlassen, kommen wir in eine Kapelle, die den Namen ‚Totentanzkapelle' trägt. Hier hat Bernt Notke 1433 ein gewaltiges Werk geschaffen: 30 Meter lang war ein auf Leinwand gemalter Fries, der die Tradition solcher Totentänze für Lübeck übernahm: Die Gestalten des Todes führen 24 Personen vom Papst über Kaiser und König über die gesamte Standeshierarchie bis zum einfachen Volk und dem Kind in der Wiege in einem großen Reigen ihrem Ende entgegen. Allerdings wurde das unansehnlich gewordene Werk um 1700 nachgemalt, doch 1942 verbrannte es im Feuersturm. Heute hat man Teile rekonstruiert. Vor allem aber hat der Künstler Alfred Mahlau die beiden Fenster der Kapelle 1956 mit einem neuen Totentanz als Glasgemälde nicht nur neu gestaltet, sondern auch das brennende Lübeck hinzugefügt.

Wir schreiten noch einmal die ganz Länge der Kirche ab, um zur Halle unter dem Süderturm zu gelangen, denn hier begegnen wir einem eindrücklichen Zeugnis der Zerstörungen jener Nacht: Als mit den Türmen auch der Glockenstuhl in Flammen stand, stürzten die Glocken herab, durchschlugen die Gewölbe und zerschellten auf dem Boden. Und man ließ sie liegen – ein unübersehbares Mahnmal für die Schrecken des Krieges.

Wo der Tod tatsächlich tanzte...

Wenden wir uns, wieder ins helle Sonnenlicht zurückgekehrt, nach rechts, der Fischstraße zu. Hier heißt die Straße, die zur Trave hinunterführt, auch ordnungsgemäß ‚Straße' statt ‚Grube' – den Grund kennen wir ja. Und hier, auf diesem Sporn des Stadthügels zum Flussbett hin, gab es stabilen Baugrund und einen festen Uferstreifen. Ein günstiger Platz für die aus Alt-Lübeck vertriebenen Fernhändler, noch ehe Graf Adolf seine Vorzüge entdeckte. Hier hat also alles begonnen, und nicht umsonst reden die Historiker heute vom Gründungsviertel, wenn sie auf das Areal zwischen Braun- und Mengstraße blicken. Warum schauen Sie sich so suchend um? Sie vermissen jetzt historische Häuserzeilen – hier zwischen Trave und Marienkirche? Ehrlich: Ich vermisse sie auch. Aber ausgerechnet hier hat jene Nacht zum 29. März 1942 alles verändert, die Gerippe von Bernd Notkes Gemälde haben ihre dürren Arme ausgestreckt und aus dem Totentanz ein Inferno gemacht.

Es herrschte schon zweieinhalb Jahre Krieg, und hier und da sind auch auf die alte Hansestadt ein paar Bomben gefallen. Aber welche Bedeutung für diesen Krieg hat sie denn schon? So dachten viele Lübecker und taten sich schwer, bei jedem Alarm in die historischen Kellergewölbe zu steigen. So dachte auch die Luftwaffe und hatte gerade einmal neun Flakbatterien, und keine einzige mit Suchscheinwerfern, über das gesamte Stadtgebiet verteilt. Doch dann heulten am späten Abend des 28. März wieder einmal die Sirenen, und diesmal flogen im Bogen über die Ostsee 234 britische Bomber mit ihrer todbringenden Fracht auf Lübeck zu, und sie warfen in immer neuen Wellen mehr als drei Stunden lang rund 25.000 Brandbomben ab, danach noch etwa 400 Sprengbomben. Es war das erste Mal, dass die britische Luftwaffe eine neue Taktik erprobte, das ‚areal bombing' – also kein gezielter Angriff auf kriegswichtige Einrichtungen, sondern der Versuch, ganze Wohnviertel auszulöschen – die perfide Idee des Chefs der britischen Air Force, Sir Harris, den man jenseits des Kanals gerne Bomben-Harris nannte und dem in London später sogar ein Heldendenkmal gesetzt wurde (Was allerdings auch viele Londoner für unangemessen hielten und es mit roter Farbe verunzierten). Übrigens war das gar nicht seine Idee, die Deutschen hatten es schon 1940 beim Luftangriff auf das wehrlose Coventry vorgemacht.

Die dichtgedrängten Häuser im Stadtquartier zwischen Petrikirche und Beckergrube, zwischen Königstraße und Traveufer waren ein ideales Ziel für ein solches Vorhaben, und zurück blieb nichts als eine riesige Trümmerlandschaft mit mehr als 300 Toten, 800 Verletzten und 15.000 obdachlos Gewordenen. Lübecks glorreiche Geschichte war weitgehend unsichtbar geworden.

Nun fragen Sie, warum ich Sie an all diesen Schrecken erinnere? Warum wir dorthin gehen sollen, wenn doch nichts mehr zu sehen ist? Vor ein paar Jahren hätte ich Ihnen recht gegeben. Als man die Trümmer fortgeschafft hatte und einen Wiederaufbau vorbereitete, da galten den Planern die alten schmalen Grundstücke nichts mehr, weiträumig standen hier nun ein paar Wohnblöcke und mehrere Schulgebäude ziemlich zusammenhanglos herum. Doch dann fassten die Stadtväter, ermutigt durch die Anerkennung der gesamten Altstadtinsel als Weltkulturerbe, einen weitreichenden Beschluss: Die Schulen sollten ausgelagert und das Gründungsviertel danach auf den vorgegebenen mittelalterlichen Grundstückflächen als Wohnviertel neu entstehen. Aber keine vorgehängte Pseudohistorie , sondern moderne Gebäude, die sich jedoch giebelständig auch die hohen Dielengeschosse zum Vorbild nehmen sollten.

Doch zuvor hatten die Archäologen freies Feld für ihre Grabungen, und sie fanden, was bislang nur vermutet werden konnte: Das hölzerne Lübeck, die erste Bauphase nach 1143. Und eben auch alles, was danach entstanden ist: Grundmauern und Brunnen, dazu viele Kloaken – die großen Speicher für alles, was man damals entsorgt hat und was uns heute den Alltag der Lübecker anschaulich macht. Davon kann ich Ihnen jetzt ebenfalls nur erzählen, denn archäologische Grabungen haben meist das gleiche Schicksal: Indem sie aufdecken, zerstören sie auch, und letztlich machen sie das Grabungsgelände nur frei für die Bagger und den Neubau. Aber sie können doch dokumentieren, was in der Vergangenheit an diesem Ort geschah, und sie können vieles bergen, um es zu bewahren, zu konservieren und irgendwann einmal auch der Öffentlichkeit zu präsentieren. Und Lübeck hat den Ausgräbern viel Zeit eingeräumt, war es doch eine der größten Flächen, die hier im Zusammenhang untersucht werden konnten. 2009 bis 2016 durften sie sich bis fünf Meter tief durch den Untergrund wühlen, und dabei gab es einige so erstaunliche Funde, dass ich sie Ihnen unbedingt erzählen möchte.

Da fand man einen vier mal zehn Meter großen Holzkeller, der auf das Jahr 1166 datiert werden konnte, und einen Stall von 1161 – da war es noch nicht einmal zwanzig Jahre her, dass Graf Adolf sich hier umgeschaut hatte. Es wurde sogar eine Holzhütte freigelegt, in der ausschließlich slawische Keramik gefunden wurde. Um 1180 haben hier mindestens 40 hölzerne Lager-

häuser gestanden, und von 1177 stammt ein gut 20 Meter langer Abwassergraben aus zwei Reihen eng nebeneinanderstehender Rundhölzer.

Überall gab es auch Kloaken für menschliche Bedürfnisse, aus Holz, Felssteinen oder auch gemauert. Etwa einhundert dieser Latrinen sind freigelegt worden. Und bei einer gab es eine besondere Überraschung: Auch wenn das jetzt unappetitlich klingt, aber in den Hinterlassenschaften fanden sich Unmengen von Parasiten wie Eier von Bandwürmern, und dabei ließ sich auch die DNA analysieren, die dem Manne gehörte, der sie ausgeschieden hat. Und nun das Un-

wahrscheinliche: Die gleiche DNA wurde in einer Kloake im englischen Bristol gefunden. Ob allerdings dort ein Lübecker oder hier ein Mann aus Bristol seinen Stuhlgang hinterließ, das ließ sich nun doch nicht ergründen. Nur eines scheint ziemlich sicher zu sein: Das war ein weitgereister Mann, und damit wahrscheinlich einer der Fernhändler, die es damals gab. Wat nich all gifft, würde der Lübecker sagen.

Nun lassen Sie uns aber wieder in die Gegenwart zurückkommen. Wenn schon nicht die Grabungsfunde. so doch das, was inzwischen darüber entstanden ist, sollten wir uns einmal anschauen. Schließlich hat es einen internationalen Wettbewerb für diese Häuser gegeben. Also wandern wir die Fischstraße abwärts, schauen auf Giebel, entdecken auch die Baulücken, die es dort immer noch gibt, und biegen nach rechts in die Gerade Querstraße ein (es hat auch eine Krumme gegeben, doch die existiert nicht mehr). Die nächste der ‚Rippenstraßen', wie man hier sagt, ist die Alfstraße, und auch dort schauen wir uns ein wenig um. Doch dann gehe ich mit Ihnen auf dem weiteren Verlauf der Gerade Querstraße zur Mengstraße. Und damit beginnt eine andere Geschichte.

Es gibt sie noch, die alten Straßenzüge im Gründungsviertel

Ja, wenn auch nur noch in Teilen. Aber die müssen Sie sich unbedingt anschauen! Denn hier in der unteren Mengstraße ist ein Stück jener schmalen Gassen noch erhalten, die einst das ganze Kaufmannsviertel ausgemacht haben. Hier haben sie einst gewohnt und sind ihren Geschäften nachgegangen, die Eliten der Hansestadt, die Fernhändler und Großkaufleute, die Ratsherren und Bürgermeister, bis es später Mode wurde, sich in der Breiten und der Königstraße anzusiedeln.

Betrachten wir also einen Augenblick die hohen abgetreppten Giebel, die so typisch für die Renaissancezeit sind. Manche hat man im Erdgeschoß verändert, aber vielfach sind noch die alten hohe Dielen erkennbar an den großen Fenstern. Und weiter nach oben, in den rundbogigen Blenden, oft noch die kleinen Luken der vielen Zwischenböden, auf denen einst kostbare Handelsware lagerte. Aber auch die Betonung der Horizontalen durch Simse verrät die Baugesinnung jener Epoche. Schauen Sie einmal zur südlichen Straßenseite auf die Hausnummer 27: Da finden Sie noch die riesigen Fenster im Erdgeschoß, dazwischen eine hübsche Tür, die im Rokoko

hinzukam. Vor allem aber sehen Sie den die ganze Breite durchziehenden Fries mit den vielen Medaillons aus der Werkstatt des Statius von Düren. Dazwischen, direkt über der Tür, noch eine weitere Darstellung: Die Relieffolge Gesetz und Gnade, die Sie auch an anderen Häusern der Stadt finden können. Doch wenn wir genau hinschauen, sind auch noch gotische Giebel zu finden mit Blenden, die in spitzen Bögen enden, bereits im Nachbarhaus – Nr. 29.

Und nun bitte einmal umgedreht, denn auf der Nordseite lockt eine besondere Adresse: Das Schabbelhaus, das genau genommen aus zwei Häusern besteht und zu Lübecks besonderen Gaststätten zählt. Ein Blick ins Innere würde uns das bestätigen: Eine stimmungsvolle historische Diele als Gastraum, dahinter der Seitenflügel mit Räumen des Rokokos. Dabei ist das hier eigentlich ein wenig zusammengeklaubt, denn das historische Schabbelhaus weiter den Stadthügel hinauf wurde ein Opfer der Bomben, nur der Name und der Zweck wanderte in diese schönen Häuser. Und auch das Portal, das hineinführt, gehörte einst zu einem Haus in der Fischstraße und blieb dort nach der Brandnacht einsam inmitten der Trümmer stehen, bis man es hierher rettete.

Man sollte also langsam und aufmerksam diese Straße hinaufwandern, zurück zur Marienkirche. Sie werde es bemerkt haben: Hier wie auch sonst überall in Lübeck wetteifern die Jahrhunderte mit ihren unterschiedlichen Baustilen um die Gunst der Betrachtenden. So mischen sich nicht nur etliche klassizistische Fassaden darunter mit ihrer geraden Attika, hinter der sich doch meist noch spitze Dächer verbergen. Auch eine Perle des Rokokos kann ich Ihnen gleich zeigen, wenn wir

das Haus Nr. 40 erreichen: Die geschwungenen Voluten, die den gesprengten Giebel stützen, entsprechen dieser Dachform, sonst aber folgt die Fassade der Mode jener Zeit: Ein durchgehender Mittelrisalit gliedert die verputzte Hausfront, deren Sockelgeschoß Hausteine imitiert. Und einen besonderen Blick sollten Sie jetzt auf das Portal werfen: Unter den Schmuckovalen vor der Fensterbrüstung schwingt sich ein vielfältiger Sims zwischen den Pfeilern und betont die hübsche Weintraube, die über dem Türbogen hängt. Auch Türsturz und die beiden Flügel sind mit floralen Motiven reich geschmückt – ein Vorgeschmack auf einen anderen Rokokogiebel oben am Ende der Mengstraße, dem wir jetzt zustreben. Den Nachkriegsbauten, die uns begleiten, wollen wir keine große Beachtung schenken.

Wo Thomas und Heinrich Mann nicht gewohnt haben

Ein letzter Blick auf die Nordseite der Marienkirche. Aber kommen Sie jetzt, bitte, ich möchte Ihnen ein Haus zeigen, das auf der anderen Seite von St. Marien liegt. Und ich denke, nach dem Rathaus ist es wohl das am meisten fotografierte Haus in der Stadt. Ein Touristen-Highlight, auch wenn die meisten sich bloß den schönen Rokokogiebel von außen anschauen.

(Im Moment alle anderen übrigens auch, weil es wohl noch dauern wird, bis sich die Türen wieder öffnen). Nun, haben Sie es erkannt? Sicher. Es ist das Buddenbrookhaus, so genannt, weil jener Roman dort spielt, der Thomas Mann den Nobelpreis für Literatur bescherte (Worüber dieser gar nicht erbaut war, hatte er doch erwartet, für sein Gesamtwerk geehrt zu werden). In diesem Haus haben seine Großeltern gewohnt, er selber aber ist vor den Toren in einem Sommerhaus, sein älterer Bruder Heinrich in der Breiten Straße geboren, wo sich seine Eltern einen schicken Neubau geleistet hatten.

Auch dieses Haus in der Mengstraße, errichtet 1758, das nun mit dem Namen Buddenbrookhaus geschmückt ist, hat einen anderen Bauherrn, erst 1842 erwarb der Großvater des Dichters das Grundstück samt der

schönen Rokokofassade mit der Inschrift ,Dominus providebit' – ,Der Herr wird vorsorgen' – und den beiden Grazien oben auf dem Giebel, und die Enkel waren als Kinder dort eben nur zu Besuch. Alles jedoch, was heute hinter diesem Giebel steht, ist erst nach dem Krieg entstanden, denn die Bomben hatte einzig die Fassade verschont.

Dass seit 2020, als die Stadt auch das Nachbarhaus für eine Erweiterung des Museums erwarb, ein erbitterter Streit um die Planung geführt wird, weil dort ein historischer Keller teilweise zerstört werden sollte, sei schließlich auch erwähnt. Sie müssen also wohl noch einige Jährchen warten, ehe Sie dort wieder hineinkönnen. So ist das eben in Lübeck: Die einen planen Neues, die anderen wollen das Alte bewahren.

Also begnügen wir uns mit dem Anblick des Äußeren, und der lohnt sich ja auch, ganz ohne an Thomas Mann dabei zu denken: ein schön geschwungener Giebel, mit typischen Rokoko-Zutaten geziert, und auch die beiden Damen dort oben sind Kunstwerke, rechts stützt sich die eine auf ein Füllhorn und möchte so den Wohlstand der Bewohner betonen, die Schönheit zur Linken hält eine Uhr in der Hand und mahnt, dass alle Zeit auf ein Ende zuläuft.

Im Schnittpunkt der Quartiere

Nur ein paar Schritte, und wir queren die Breite Straße, die vor 1942 allerdings eher schmal war, dafür aber die Hauptverkehrsachse auf dem Grat des Stadthügels von Nord nach Süd und bis in die 1950er Jahre sogar von Straßenbahnlinien genutzt. Heute ist daraus eine Flaniermeile geworden. Diese Kreuzung ist sozusagen der Mittelpunkt der alten Stadt, denn über sie verliefen die Grenzlinien der vier historischen Lübecker Stadtquartiere. Achten Sie also einmal auf die noch vorhandenen alten Straßenschilder, da wird oft auch das jeweilige Quartier genannt.

Jedes Quartier war eine kleine Welt für sich. Steuern und Abgaben wurden nach diesen Stadtvierteln berechnet – und hier stimmt der Begriff ‚Viertel' auch wirklich. Die Quartiere hatten nicht nur je einen eigenen Schutzheiligen, sondern auch eigene Banner. Ebenso einen eigenen Hauptmann, der für den Einsatz der Bürger im Kriegsfall zuständig war und Sammelplätze für die einzelnen Kompanien überwachte. Später waren sie auch Wahlbezirke und hatten eigene Hausnummern.

Und noch eine Besonderheit: Hier lag einst ein mittelalterlicher Brunnen, ‚Goldener Sod' genannt – so weit nach oben reichte also der Druck der alten Wasserleitung! 1991 wollte die Stadt durch eine moderne Brunnenplastik an ihn erinnern. Und prompt erhob sich Protest gegen dessen Gestaltung, wie stets, wenn es etwas Neues gab in der Stadt.

Mit der Kreuzung jedoch bekommt unsere Straße einen neuen Namen: In Richtung Osten heißt sie nun Dr. Julius Leber-Straße. Diesen Namen aber gibt es erst seit 1946, jahrhundertelang begann hier die Johannisstraße, so genannt, weil sie auf das Johanniskloster an ihrem Ende zuführte. Julius Leber war Sozialdemokrat, Lübecker Reichstagsabgeordneter und Widerstandkämpfer und wurde noch 1945 von den Nazis hingerichtet.

Wenn wir dem Straßenzug folgen, treffen wir auf die zweite Längsachse, die Königstraße, heute Einbahnstraße in Richtung Burgtor. Doch ehe wir dort einbiegen, sollten Sie einen Blick auf das Eckhaus zur Linken werfen. Einer der vielen Backsteingiebel, sagen Sie? Gotik, sagen Sie? Alles richtig, aber das Besondere kann ich Ihnen erst zeigen, wenn wir ein paar Schritte in die Königstraße gehen und dann auf den rückwärtigen Giebel blicken. Ja, tatsächlich: das sieht ganz nach Romanik aus. Und so ist es auch. Die Historiker sagen sogar, dies sei eines der ältesten profanen Gebäude der Stadt, vielleicht sogar das älteste, denn es hat bereits die beiden großen Stadtbrände – 1251 und 1276 – gesehen und überstanden. Sein Alter wird auf etwa 1230 geschätzt. Der schöne gotische Giebel dagegen wurde ihm erst 1358 verpasst. Allerdings – auch dieses Haus kam in der Bombennacht zu Schaden und brannte aus. Aber schon ab 1943 wurde es wieder hergestellt. Dabei hätte es beinahe den zwei-

ten Weltkrieg gar nicht erlebt, denn 1899 plante der damalige Apotheker, das Haus abzureißen und durch einen Neubau zu ersetzen (Was schon merkwürdig ist: Damals baute man doch gerne alte Stile nach – nur mit ‚Neo-' versehen. Aber das wirklich Alte wurde dem ebenso gerne geopfert).

Es war ausgerechnet auch ein Apotheker, genau genommen ein kleiner Lehrling, der in der anderen Apotheke oben an der Breiten Straße lernte, nachdem man ihn 1896 aus dem traditionsreichen Katharineum wegen ‚sozialdemokratischer Umtriebe' rausgeworfen hatte, der mit anonymen Flugblättern zum Widerstand gegen diese Pläne aufrief. Und der dann erreichte, dass 25.000 Goldmark in der Stadt gesammelt wurden, um den Abriss zu verhindern. Sein Name: Erich Mühsam, später ein bekannter und streitbarer Anarchist, den die SA schon 1933 verhaftete und der 1934 im KZ Oranienburg ermordet wurde. Auch das ist wahr: Wenn nicht immer wieder hartnäckige Menschen zum Protest aufrufen würden, wäre in Lübeck vieles der Spitzhacke zum Opfer gefallen. Denken Sie nur ans Holstentor!

Aber die Löwenapotheke (das ist sie erst seit 1812, davor wohnten hier jahrhundertelang Ratsherrn und Bürgermeister) kann noch von einem ganz anderen Ereignis erzählen – von einem Staatsbesuch höchsten Ranges. Sie schauen fragend? Also gut, ich werde Sie informieren.

Als die kaiserliche Majestät des Reiches Stadt besuchte...

Lassen Sie uns dazu auf die andere Straßenseite wechseln, zum gegenüberliegenden Eckhaus. Und schauen Sie einmal auf die Tafel: 1375? Sie runzeln die Stirn: Hier, in diesem Haus? Ja, richtig, das ist nun wirklich nicht so alt. Also ein Fake, wie man heute so schön sagt? Schon, wenigstens ein bisschen. Aber das Grundstück stimmt. Lübecks Heimathistoriker Ernst Deecke hat in seiner Sammlung von Lübischen Geschichten zu diesem kaiserlichen Besuch einen alten Bericht ausgegraben. Und am besten zitiere ich jetzt einfach einige Abschnitte – das Ganze können Sie dann ja später einmal in Ruhe nachlesen, das Buch ist noch immer auf dem Markt, von verschiedenen Verlagen nachgedruckt. Also – lassen Sie sich von dem schön altmodischen Bericht ein wenig verzaubern!

„...Da sie nun der Stadt Lübeck genaht, ist kaiserliche Majestät nebst der Kaiserin in die Sankt Gertruden Kapelle vor dem Burgthor getreten, allwo sich beide mit dem kaiserlichen Geschmuck auf das herrlichste bekrönt und beziert, und sich auf schöne Rosse gesetzt. Da nun haben vier von den vornehmsten jungen Gesellen einen Himmel, von Sammit und Goldstoff wohlgeschmückt, über dem Kaiser getragen; die ältesten Burgemeister aber haben des Rosses Zaum ergriffen, das der Kaiser ritt...

Dann stunden beiderseits durch die Stadt die vornehmsten Frauen und Jungfern der Stadt in Perlen und Geschmeide und Seidenröcken; auch kam die Klerisei vom Dom mit Psalmen und Gesang, und führte den Zug durch die Breitenstraße zum Dom...

Es wohnte der Kaiser aber in dem Eckhause an der Johannisstraße und die Kaiserin in dem Eckhause gegenüber, und es war ein köstlicher bedeckter Gang von dem einen Hause zum andern quer über die Gasse aus dem Fenster gemacht, damit beide zu einander gehen könnten, wann sie wollten…"

Es soll übrigens gegen Abend dort einen kleinen Volksauflauf gegeben haben, man war doch neugierig, ob Seine Majestät tatsächlich der geschätzten Frau Gemahlin (übrigens seine vierte!) einen nächtlichen Besuch abstattet. Immerhin war sie noch ganze dreißig Jahre jünger als Karl. Was auch ausführlich beschrieben wird, ist die Entourage der beiden Majestäten, das müssen wohl weit mehr als hundert adlige Personen gewesen sein, die nun von der Stadt untergebracht und beköstigt werden mussten – ein teurer Spaß also, so ein Staatsbesuch! Doch darüber schweigt des Chronisten Höflichkeit.

Kaiser Karl IV

Kaiserin Elisabeth

Zum Kloster, dessen Mönche in die Wüste geschickt wurden

Wir sahen schon: die Dr. Julius Leber-Straße hieß einst Johannisstraße. Sie endete ursprünglich an einer großen Klosteranlage, die 1177 geweiht wurde. Damals Lübecks erstes und lange Zeit einziges Kloster, noch weitab von der Civitas auf dem Hügel Buku am Ufer der Wakenitz gelegen. Ursprünglich ein Männerkloster nach den Regeln des Heiligen Benedikt, wurde es später in ein Doppelkloster umgewandelt – also für Mönche und Nonnen gleichermaßen. Das aber erwies sich als großer Fehler. Zwar waren natürlich beide Teile streng getrennt, doch sagen Sie selbst: Gibt es Mauern, die unüberwindlich sind?

Aber auch ohne die vielen darüber aufkommenden Gerüchte: Die Klosterzucht auf männlicher Seite ließ immer mehr zu wünschen übrig, es wurde beklagt, die Mönche trieben sich in der Stadt herum. Was die Sage berichtet, klingt dagegen weitaus deftiger: Sie hätten nämlich „greuliche Unzucht im Kloster getrieben, dass es auf die Länge zu grob geworden. Sonderlich hatten sie ein neues Schelmenstück erdacht mit den Schifferfrauen. Einer der gottlosen Mönche hat das Balbierhandwerk erlernt und vielen solcher Weiber im Kloster die Haare abgeschnitten, ja eine runde Platte geschoren, damit sie um so leichter in Mönchstracht im Kloster ein- und ausgehen und bei Tag und bei Nacht unvermerkt bleiben möchten. Solche Büberei ist lange Jahr, wenn die Schiffer ausgewesen, getrieben worden."

Wie dem auch sei: Der Bischof sprach ein Machtwort und ordnete an, das Männerkloster sei nach Cismar zu verlegen – für die Mönche damals das Ende der Welt. (Dass sie später dort flugs eine Quelle entdeckten, die wundersame Heilkräfte haben sollte, und durch die vielen Pilger rasch wieder reich wurden, konnten sie ja noch nicht ahnen). 1245 wurde der Rauswurf amtlich, die verbliebenen Nonnen traten dem Zisterzienserorden bei und lebten dort, bis die Reformation alle Lübecker Klöster auflöste. Damit aber war der eigentliche Zweck solcher Klöster, die unverheiratete Töchter irgendwie zu versorgen, ja nicht aus der Welt. Also wurde das Kloster zur Stiftung Jungfrauenkloster umgewandelt, nur eben ohne die frommen Gelübde.

Entschuldigung, da erzähle ich schon wieder alte Geschichten, aber so wissen Sie schon einmal vorweg etwas über den Namen dieser Straße. Doch nun wollen wir sie hinabspazieren, allerdings, nicht ohne uns rechts und links ein wenig umzuschauen. Und da gibt es gleich zu beiden Seiten etwas zu sehen: Also zunächst nach rechts geschaut: Einmal kein Mittelalter, sondern ein schönes Beispiel für den norddeutschen Backstein-Expressionismus der 1930er Jahre. Es ist das ehemalige Gewerkschaftshaus, in dem auch Julius Leber tätig war: ein Kubus, durch spitz zulaufende Lisenen gegliedert und mit einem zurückgesetzten Dachgeschoß versehen.

Und gleich gegenüber zwei nebeneinanderstehende, gleichgeformte Häuser mit geschwungenen Giebeln, gekrönt von kräftigen, gerundeten Abschlüssen. In dem vorderen Gebäude öffnet sich eine Toreinfahrt, und dort wollen wir hineinschauen, denn hier finden wir etwas für Lübeck Typisches: einen Stiftshof. Also keinen Gang, wie so häufig, sondern eine Wohnanlage, die 1727 von der Witwe des Weinhändlers Johann Haase als Wohnstift für 16 Frauen gegründet wurde – übrigens die jüngste von einer Reihe ähnlicher Sozialeinrichtungen.

Drinnen empfängt uns ein geräumiger Hof, zu beiden Seiten eine Reihe zweistöckiger Traufenhäuser. Ein rundbogiges Portal führt jeweils über einen kleinen Flur in eine Dornse, also den Wohnraum, mit einer

Küche dahinter. Über eine Treppe gelangt die Bewohnerin in den Schlafraum im Obergeschoß und zu einer Dachkammer darüber, die ihr Licht durch eine Dachgaube erhält. Und wer durfte hier kostenfrei wohnen? Das hatte Magdalena Haase genau geregelt: sechs Kaufmanns- oder Krämerwitwen, zwei Brauerwitwen und zwei Schifferwitwen, wenn sie notleidend waren. Auch ihre Kinder konnten sie dort unterbringen. Drei Wohnungen waren für in Not geratene Jungfrauen bestimmt, die jeweils zu zweit dort lebten. Und jedes Vierteljahr wurde allen Frauen der Betrag von zehn lübischen Mark ausgezahlt, damit sie sich auch verpflegen konnten. 1977 hat man dann die Wohnungen modernen Bedürfnissen angepasst, ihr Zweck aber ist geblieben.

Wir wollen die Damen jetzt aber nicht weiter stören, damit sie ganz in Ruhe auf ihren Bänkchen in der Sonne sitzen können. Außerdem möchte ich Sie ein paar Häuser weiter auf zwei Renaissancegiebel aufmerksam machen. Dennoch: Kein roter Backstein zu sehen. Und das ist auch durchaus in Ordnung, denn schon im 17. Jahrhundert war es eine beliebte Mode, die Fassaden zu schlämmen, also mit weißem Kalk zu überziehen. Dass auch hier das Erdgeschoss umgestaltet wurde, haben wir ja bereits mehrfach gesehen. Das Haus links hat man dann 1877 bei einem Umbau richtig verputzt.

Sie sehen: Unsere Straßen sind durchaus abwechslungsreich, und wenn viele Häuser im Kern auch seit dem Mittelalter unverändert geblieben sind, ihre Fassaden sind oft der jeweiligen Mode gefolgt, das war man sich schuldig. Doch wie's da drinnen aussieht…

Manchmal jedoch sieht es so aus, als ob hier die Spitzhacke zum Zuge gekommen ist, um tatsächlich modern zu bauen: Richtige Mietshäuser mit schönen Etagenwohnungen. Aber Vorsicht! Auch das erste Haus hier vorne mit der spätklassizistischen Fassade ist zwar weitgehend umgebaut, aber es steckt dennoch ein altes Brauhaus dahinter. Anders das Nachbarhaus: Hier hat sich ein gewisser Theodor Sartori, Lübecker Architekt und auch Mitglied der Bürgerschaft, auf dem abgeräumten Grundstück 1869 einen Traum erfüllt mit einem repräsentativen Wohnhaus. Eine klassizistische Fassade mit Anklängen an die Neorenaissance, die Mitte der Bel Étage besonders hervorgehoben: Auf einem vorspringenden Sims rahmen Pilaster mit korinthischen Kapitellen die drei Fenster, die Gitter davor täuschen Balkone vor – das Ganze eine wirklich noble Ansicht.

Und damit sind wir bereits an einer Straßenecke gelandet. Schauen Sie nur auf das Schild: ‚Bei St. Johannis' ist dort zu lesen – hier also beginnt der Klosterbereich. Sie gucken skeptisch? Ja, keine Klostermauern, keine Klosterkirche, nichts, was auch nur darauf schließen lässt. Enttäuscht? Es hat eben alles seine Zeit, auch das St. Johanniskloster. Also muss ich wieder einmal erklären, eine Geschichte erzählen. Früher endete unsere Straße hier tatsächlich, denn der Klosterbereich dehnte sich weit am Wakenitzufer entlang. Aber irgendwann waren die alten Gemäuer unansehnlich und baufällig, und außerdem war Baugrund auf dem Stadthügel knapp, die Bedürfnisse der neuen Zeit dagegen groß. Die Feuerwache auf dem Schrangen hatte ausgedient, das Katharineum mit seinem altsprachlichen Bildungsangebot bedurfte dringend einer Ergänzung durch andere Lerninhalte, und den Stiftsdamen war das Wohnen dort auch nicht mehr zuzumuten. Also wurde das ganze Areal neu überplant, wie man heute sagen würde.

1905 verlegte man die ‚Höhere Bürgerschule' hierher und ernannte sie zum Realgymnasium mit dem Namen Johanneum, zur Fleischhauerstraße hin wurde 1906 eine neue Hauptfeuerwache angefügt. Die Johannis-

straße wurde dabei bis zum neugeschaffenen Binnenhafen verlängert, und auf dem ehemaligen Klostergarten entstand 1904 der Neubau für das Jungfrauenkloster, das jetzt als städtisches Altersheim geführt wurde mit 43 Wohnungen für alleinstehende Frauen. Und alle Gebäude im damals beliebten ‚Heimatschutzstil' mit allerlei Anklängen, mal eher an Neobarock, mal an Neorenaissance.

Nun halten wir uns nach links und biegen in den Rosengarten ein – nein, keine Parkanlage, sondern ein Straßenname. Aber ich vermute schon, dass die Gärten der Äbtissin hier Pate gestanden haben, auf denen jetzt die Wohnanlage zu finden ist – übrigens auch mit einer eigenen großen Parkanlage hinter dem Gebäude. Und weil die Straße so heißt, hat auch der hübsche Gang, der hinter dem Haus Nr.8 angelegt ist, den Namen Rosengang erhalten. Seine Häuschen stammen alle aus dem Jahr 1803, als der Gang erneuert wur-

de. Und seit 1980 steht er unter Denkmalschutz. Gegenüber grüßt ein hübsches Ensemble aus zwei Fachwerkhäusern und einem recht kleinen Backsteingiebel – hier wohnten eben nur die kleinen Leute. So haben sich die Bewohner der beiden Traufenhäuser mit ihrem vorspringenden Fachwerk-Obergeschoß denn auch den Dacherker in der Mitte geteilt.

Wir überqueren die Hundestraße. Fragen Sie bitte nicht, wer für den Namen verantwortlich ist, nur dass es ihn schon seit 1263 gibt – damals noch auf lateinisch ‚platea canum' – ist amtlich. Jetzt heißt unsere kleine Querstraße übrigens Tünkenhagen. Hagen, das bedeutet ein umfriedetes ‚eingehegtes' Gelände. Wir würde heute wohl Grundstück sagen. Und die ganze Westseite gehörte einmal einem gewissen Herrn Johann Tunneken, und zwar bereits im Jahre 1294.

Bei der nächsten Ecke biegen wir dann nach links in die dortige Rippenstraße ab, die uns wieder den Stadthügel hinaufführt. Den Namen Glockengießerstraße muss ich ja nicht weiter erklären. Nur, dass mit diesem Straßenzug lange Zeit die bebaute Fläche der Stadt endete, nördlich davon war viel freier Raum, und auf dem gab es schönen Ton, den man ja für den Glockenguss brauchte. Und außerdem war die Brandgefahr dabei groß, so siedelte man dieses Gewerk lieber etwas abseits der engen Bebauung an. Auch in dieser Straße können wir wieder den alten Baubestand bewundern – den Ostteil der Altstadt hatten die Bomben verschont. Aber wir können ja nicht jeden hübschen Giebel bestaunen. Außerdem habe ich diese Straße für unseren Spaziergang ausgewählt, weil wir dort auf Stiftshöfe treffen, die zum ‚Muss' jeder Stadtführung gehören.

Zur Ehre Gottes gestiftet aus milder Hand

Der erste dieser Höfe verbirgt sich hinter einem breitgelagerten Backsteintraufenhaus mit zwei Giebeln und einem Mittelteil, in dem ein rundbogiges Tor in den Hof führt. Es ist eine Stiftung des Kaufmanns und Ratsherrn Johann Glandorp, der 1612 starb. 1603 ließ er den Hof errichten. Wenn wir einmal hineinschauen, erwarten uns zu beiden Seiten zweigeschossige

Reihenhäuser, jeweils mit sieben Wohnungen. Sie sollten vierzehn ‚Witwen ehrbaren Standes' zur Verfügung stehen, wie die (lateinische) Inschrift über dem Eingang ausführlich angibt. Davon existiert auch eine alte gereimte Übersetzung, deren Anfang ich Ihnen nicht vorenthalten möchte: „Zu Ehren Gottes, das merke, lieber Christ,/dieses Werk nützlich gestiftet ist/aus milder Hand. Darin wohnen/

von ehrlichem Stand arme Matronen." Die Wohnungen im Hof waren deshalb auch mietfrei, wer im Vorderhaus wohnte, hatte allerdings dafür zu zahlen.

Wenn wir genau hinschauen, ist zur Linken ein Durchgang. Er führt zu einem Wohngang, der ebenfalls eine soziale Einrichtung ist und, wenn auch nur mit einer eingeschossigen Budenreihe, gleichzeitig von Glandorp gestiftet wurde. Auch das Nachbarhaus ist eine Armenstiftung, sie stammt von dem Nowgorodfahrer Johann Illhorn und wurde bereits 1449 als ‚Elendenhaus' begründet. Dazu gehört auch ein Hofgebäude mit spitzem Dach, das nun den Glandorpsgang beschließt. Also ein stattliches Ensemble von wohltätigen Einrichtungen, die heute weitgehend modernisiert sind. Es umfasst jetzt 30 Wohnungen, von denen 22 alten Menschen zur Verfügung stehen. Sieben sind Sozialwohnungen, und eine ist behindertengerecht gestaltet. Und immer noch erinnert ein üppig gestaltetes Wappen an Johann Glandorp.

Doch dieser Hof ist bei weitem nicht der prächtigste. Nur wenige Schritte weiter die Straße hinauf kann ich Ihnen jetzt den Füchtingshof zeigen – das Paradebeispiel für diese Art sozialer Einrichtungen aus der frühen Neuzeit. Der Name verrät es: der Stifter hieß Johann Füchting, er starb gut 30 Jahre später. Und er starb als Multimillionär nach unseren Vorstellungen. Mit 266.000 Lübische Mark war er steinreich in den Augen seiner Zeitgenossen, und weil er kinderlos starb, konnte er viel verschenken, denn – so sagte er selbst in seinem Testament – der vielgütige Gott habe ihn in seinem Stande und Beruf mit zeitlichen Gütern reich gesegnet. Dieser Hof, den wir uns gleich näher anschauen wollen, hat mit 66.000 Mark Kapital sicherlich den größeren Teil des Erbes gekostet, aber es blieb noch viel, um allein mit den jährlichen Zinsen von damals 15.700 Mark vielen etwas zukommen zu lassen: Fast alle Armen- und Siechenhäuser der Stadt erhielten daran ihren Anteil, aber auch arme Studenten, die Lehrer des Katharineums, die Witwen von Predigern und anderen Lehrern bekamen regelmäßige Zuwendungen ebenso wie arme Dienstmägde und bedürftige Schonenfahrer; und zum Weihnachtsfest sollte man Bettlägerigen eine gewisse Summe auszahlen. Wahrlich ein Wohltäter für die Stadt!

Nun fragen Sie sicher: Woher hatte dieser Mann all das viele Geld? Ein reiches Erbe war es nicht, denn er war ohne eigenes Vermögen aus dem Westfälischen nach Lübeck gekommen und hatte als einfacher Kaufmannsgehilfe angefangen, und als Ratsherr war er nur ehrenamtlich tätig, musste vieles also eher aus eigenem Beutel bezahlen. Aber er war ein geschickter Kaufmann, als Fernhändler brachte er es in Visby zu Reichtum, und später in Lübeck vermehrte er ihn weiter. Es ist die für die Hansezeit typische Story eines Aufsteigers, den man durchaus gerne in den Kreis der alteingesessenen Eliten aufnahm. Und das auch familiär, denn seine Frau Margaretha war Tochter des Kieler Bürgermeisters.

Jetzt aber wollen wir endlich sein größtes Geschenk näher betrachten, das seine Testamentsvollstrecker dann 1639 vollendet haben: Ein prächtiges Gebäude erhebt sich vor dem Stiftshof, schon dem frühen Barock zuzuordnen: Eine geschlämmte Backsteinfassade, aus der zwei Gauben

wie Giebel herauswachsen, und besonders prunkvoll darin der Eingangsbereich – ein Portal, das an einen antiken Triumphbogen erinnert. Drei Durchgänge öffnen sich, der mittlere und größere wird von korinthischen Säulen flankiert, die den mächtigen Architrav stützen. Über den Seiteneingängen die beiden Wappen der Eheleute. Umgeben sind die Tore von sieben Figuren. Sie stehen für die menschlichen Tugenden: Einmal die vier, die für alle gelten: Mäßigung, Weisheit, Gerechtigkeit und Stärke. Sie stehen mit symbolischen Gegenständen außen neben den drei Toren. Im Giebel dann die spezifisch christlichen Tugenden, Glaube und Hoffnung. Über allen thront eine mütterliche Frau mit zwei spielenden Kindern – die höchste aller Tugenden, die Caritas, die Nächstenliebe.

Mit diesem Wissen wollen wir nun hineingehen – vorausgesetzt, das Tor ist geöffnet. Denn als den Menschen dort drinnen die unzähligen Reisegruppen, die ihren Hof fluteten, die lauten Reden der Fremdenführer und die zudringliche Neugier mancher Besucher endlich zu viel wurden, hat man Öffnungszeiten festgelegt. Ich denke, Sie verstehen das! Also gehen wir ganz still hinein, ohne gleich in die Fenster zu schauen. Ein weiter Hof tut sich auf, an beiden Seiten ebenfalls geschlämmte Häuserzeilen. Sie erkennen sicherlich, dass sich darin einzelne Wohnungen befinden – mit einem rundbogigen Portal, einem kleinen Fenster für die Diele und einem größeren für die Dornse, den Wohnraum. Der Schlafraum ist dann im Obergeschoß (Sie erkennen, dass wohl der Glandorpshof Pate gestanden hat).

Jetzt werden Sie mich sicherlich nach dem ansehnlichen Vorbau dort hinten links fragen: Dort tagten die Vorsteher, also die Verwalter des Stiftungsvermögens. Und noch weiter hinten ein später errichteter Querbau. Der Hof ist eine grüne Oase, und die hübschen Bänke vor den Türen laden zum Klönschnack ein, wie man hier im Norden sagt. Da kann man verstehen, wenn die Damen auch einmal unter sich bleiben wollen. Ursprünglich waren das mittellose Witwen, meist von Kaufleuten, aber auch von Schiffern – also den Kapitänen, die die Hanseschiffe befehligten.

Vom heiligen Franziskus, der Witwe Stalbuksch und dem Künstler Barlach: St. Katharinen

Nun schauen Sie einmal die Straße hinauf: Sehen Sie zur Linken die hohen Mauern einer Kirche? Die wollen wir gleich etwas näher anschauen – und in der Sommerzeit können wir das auch von innen gegen einen höchst geringen Obolus. Während wir also weiterschlendern, darf ich Ihnen schon ein wenig dazu erzählen: Die Kirche gehörte einst zu einem Kloster, das sich die Bettelmönche vom Orden der Franziskaner auf diesem Grundstück errichtet haben. 1226 waren sie nach Lübeck gekommen – bereits in dem Jahr, als Franziskus starb. In ungeheurer Geschwindigkeit hatte sich der Orden also bis weit in den Norden schon verbreitet. Franziskus zog als armer Wanderprediger durchs Land, barfuß, nur mit einer schlichten Kutte bekleidet, denn er wollte leben wie einst Jesus lebte – arm, auf milde Gaben angewiesen. Bald findet er Gleichgesinnte, predigt Armut und Entsagung.

Gerne wies der Rat der Stadt diesen Brüdern ein Grundstück zu, „dar se buweten in deme sulven jahre dat closter“, wie eine amtliche Chronik vermeldet. Es lag an der Grenze der bisherigen Bebauung, die von der Glockengießerstraße über den Stadthügel bis in die Beckergrube verlief. Das Gebiet nördlich davon bis hin zum Gelände der Burg wurde gerade erst erschlossen. Rat und Bischof lagen fast durchweg in irgendeiner Fehde, aber die Bettelmönche unterstanden nicht dem Bischof, sondern allein dem Papst. Und außerdem bildeten sie das genaue Gegenteil zur damaligen Kirche: Bischof und Domkapitel schienen nur noch nur an Macht und Prunk interessiert zu sein. Wie anders die Brüder des heiligen Franz! Sie standen rasch an der Seite der Bürger, der Laien. Sie pflegten ihre Kranken, trösteten die Leidenden und predigten den Unwissenden. Das brachte ihnen Zulauf all derer, die den verweltlichten Klerus verachteten. Und das alles konnte dem Rat nur recht sein.

Ehe wir jetzt um die Ecke in die Königstraße abbiegen, sollten Sie noch einmal hinaufschauen: Die Kirche ist eine Basilika, allerdings ist das nördliche Seitenschiff ziemlich schmal, außerdem verjüngt es sich nach Westen hin. Das Querschiff ist zweischiffig, und jedes Schiff hat einen eigenen Giebel. Noch etwas fällt auf: Es ragt nicht wie üblich über das Seitenschiff hinaus. Das alles liegt am Verlauf der Glockengießerstraße, denn die trifft nicht rechtwinklig auf die Königstraße.

Für einen Bettelorden war es eine recht ansehnliche Kirche. Finanziert wurde sie angeblich durch die vielen Gaben, die die Brüder während der großen Pestepedemie erhielten, damit sie für die armen Seelen derer, die oft ohne Beichte und letzte Ölung verstarben, fürbittend vor Gott eintraten. Und sie weihten sie der heiligen Katharina, einer der beliebtesten Heiligen im Mittelalter.

Ich kann mir nicht verkneifen, hier eine kritische Anmerkung zu machen: Katharina von Alexandrien, meist erkennbar an den beigegebenen Marterwerkzeugen Rad und Schwert, sei, wie die Legende erzählt, hochgebildet gewesen, und als der Kaiser ihr hundert heidnische Gelehrte gegenüberstellte, die sie mit guten Argumenten von ihrem Glauben abbringen sollten, habe sie im Gegenteil alle diese Männer vom Christentum überzeugt. Daraufhin hätte der Kaiser sie mit furchtbaren Foltern zu Tode gebracht. Soweit das, was man gerne glauben wollte. Die Wahrheit ist allerdings weniger schmeichelhaft: Diese Märtyrerin hat es nie gegeben, dafür aber eine ebenfalls in allen Wissensgebieten erfahrene heidnische Philosophin in Alexandria namens Hypatia. Und die wurde von christlichen Fanatikern ebenso grausam getötet und danach in Stücke zerrissen. Die christliche Legende hat diese Geschichte dann einfach einmal umgedreht.

Wir sind jetzt in der Königstraße angelangt, und ehe wir in die Kirche hineinschauen, überqueren wir erst einmal die Straße, um von dort den schönen gotischen Giebel von St. Katharinen zu betrachten. Fällt Ihnen auch auf, dass da keine gleiche Ordnung besteht? Im breitgelagerten Sockel wird das Portal von zwei seitlichen Blendnischen gerahmt – er ist also symmetrisch aufgebaut, obwohl die gesamte Westfront darüber wegen der unterschiedlichen Seitenschiffe unsymmetrisch ist. Die Folge: Das Portal führt nicht in die Mitte des Kirchenschiffs. Zwei hohe spitzbogige Fenster ragen bis an den durch einen Fries abgetrennten Giebel und belichten das Hauptschiff. Die Fenster werden von zierlichen Nischen gerahmt, und im

Bereich der Seitenschiffe füllen diese Nischen in doppelter Reihe die gesamte Front. Und dort sehen Sie die andere Besonderheit, die diese Kirche auszeichnet:

In der unteren Reihe dieser Nischen stehen neun Statuen, und sie wirken keinesfalls gotisch, sondern eher expressionistisch. Dazu muss ich Ihnen wieder eine Geschichte erzählen. In den 1920er Jahren hatte der damalige Lübecker Museumsdirektor Carl Heise den Gedanken, diese Nischen mit Figuren zu füllen – gestaltet von einem Künstler seiner Zeit. So erhielt Ernst Barlach 1929 diesen Auftrag, allerdings waren bis 1933 erst drei dieser Terrakottafiguren fertig. Als man sie in der Kirche zeigte, gab es viele Proteste gegen diese Art Kunst, und die Nationalsozialisten wollten sie beschlagnahmen und zerstören. Heise rettete sie mit einem Trick: Die Statuen seien sein Privateigentum und er werde sie entfernen. So überstanden sie die NS-Diktatur im Versteck. Doch das Urteil ‚entartet' galt auch nach 1945 für Lübecks konservative Kreise weiter, bis sie dann 1947 endlich auf der linken Seite aufgestellt werden konnten. Sie fragen nach den anderen? Die hat Barlachs Freund Eduard Marcks nach dessen Tod ge-

schaffen – nach eigenen Vorstellungen, aber ganz in seinem Sinne. Und heute gelten Barlachs drei – Frau im Wind, der Bettler und der singende Klosterschüler – als Meisterwerke der Moderne.

Nun aber wird es Zeit, hineinzugehen. Und Ihr erster Eindruck? Ich würde sagen: Eine typische Basilika mit einem hohen, lichten Mittelschiff. Aber Sie schauen gleich nach links? Zugegeben, dort hält uns der Anblick einer großen Figurengruppe gefangen. Und wenn wir näher hinschauen, erkennen wir auch: das ist der heilige Georg (oder, wie es bei uns im Norden heißt: Jürgen), wie er den Drachen besiegt und die Prinzessin rettet. Diese schöne Sage hat wohl einen heidnischen Ursprung, doch dann ist eine christliche Legende daraus geworden und mit dem Märtyrer Georg verbunden worden. Das Werk stammt von Lübecks großem Bildschnitzer Bernt Notke, den wir ja schon gut kennen. Allerdings schuf er es 1489 für die Nikolaikirche in Stockholm, und dort steht es immer noch. Dies hier ist eine täuschend echte Kopie aus Gips, die 1926 zur 700-Jahr-Feier der Reichsfreiheit Lübecks angefertigt und hier aufgestellt wurde.

Doch schauen wir uns nun näher um. Die schöne mittelalterliche Ausmalung hat man bei der letzten Restaurierung wieder aufgefrischt: Die backsteinernen Pfeiler sind hell verputzt und tragen eine Quaderung, die mit roten Doppellinien an Stelle von Fugen abgesetzt ist. Die Arkaden, also die Bögen, die die niedrigeren Seitenschiffe abtrennen, sind kunstvoll bemalt: In blattreiche Ranken eingefügt sind kleeblattähnliche Medaillons und darin finden wir Brustbilder ganz unterschiedlicher Personen. Allzumal Männer, wie es sich für ein Männerkloster gehört.

Dort, wo kaum erkennbar die Querschiffe den Kirchenraum durchschneiden, sehen Sie eine weitere Besonderheit: Der langgestreckte Chor hat gleichsam zwei Stockwerke. Unten tragen zierliche Säulen ein Gewölbe, und oben, hinter der Triumphkreuzgruppe, war einst der Sitz der Mönche. Noch heute findet sich dort das alte Gestühl mit schön geschnitzten Bankwangen und ein kostbarer Fußboden aus glasierten Bodenplatten. Betreten natürlich nicht erlaubt.

Unten aber, im Unterchor, reihen sich die Grabplatten Lübecker Bürger, die ihre letzte Ruhe bei den Bettelmönchen gefunden haben. So etwa die schön ziselierte Messingplatte des Bürgermeisters Johann Lüneburg. Sein Lebenslauf war typisch für einen Großkaufmann, der sein ganzes Leben in den Dienst seiner Vaterstadt stellte: Er verwaltete nicht nur Lübecker Landbesitz, er kommandierte auch die hansische Flotte im Kaperkrieg. Und er verhandelte mit den dänischen Königen und anderen Fürsten, schlichtete Streit zwischen Hansestädten. Er muss viel gereist sein in jenen Jahren. 1461 ist er gestorben.

Auch damals war der Tod nicht umsonst. Im Gegenteil: Um in einer Kirche bestattet zu werden, zahlte man hohe Gebühren. Und an dieser Stelle muss ich Ihnen eine andere Geschichte erzählen, über die wir heute vielleicht schmunzeln, die damals aber fast zu Mord und Totschlag geführt hätte. Sie handelt von einer reichen Witwe namens Riekborg Stalbuksch. Sie hatte ihr Vermögen dem Katharinenkloster vermacht mit der Auflage, dass sie dort bestattet würde und auch Seelenmessen für sie gelesen würden. Als sie jedoch 1278 starb, ließen die für ihren Wohnsitz zuständigen Priester von St. Marien die Verstorbene rasch in ihre Kirche bringen. Daraufhin rottete sich eine große Schar von Franziskanermönchen und vielen Bürgern zusammen und entführt die Tote zur Katharinenkirche. Dort verhinderten sie gewaltsam alle Versuche, die arme Riekborg wieder zurückzuholen. Bischof Burkhard von Serkem belegte die Stadt daraufhin mit dem Interdikt, allerdings mit wenig Erfolg. Das Ganze endete letztlich als Streitfall in Rom, und der Papst bestätigte das Recht des Franziskanerordens auf die Durchführung von Begräbnissen. Man nennt Lübeck gerne die Stadt der sieben Türme und denkt dann stets nur an die fünf Kirchen, aber auf dem Stadthügel thronen eben sechs, und St. Katharinen ist den anderen durchaus ebenbürtig, auch wenn die Bettelmönche auf Türme verzichteten.

Von denen ganz oben

Wenn wir jetzt die Königstraße Richtung Norden, also zum Koberg hin, weitergehen, wird Ihnen eines sicherlich auffallen: Hier gibt es kaum noch Giebel, fast alle Häuser enden oben in einer betonten Attika oder einem Kranzgesims, schließen die Fassade also waagerecht ab. Es ist die Zeit von Klassizismus und Neoklassizismus, die diesen Teil der Straße prägen. Und es sind prachtvolle, repräsentative Bauten, denn nun haben die städtischen Eliten ihre Wohnsitze aus dem alten Gründungsviertel hierher verlegt, auf breiteren und tiefen Grundstücken, die Platz für große Gärten bieten. Später zogen dann verschiedene Institutionen in die Häuser wie Schulen und Museen.

Da ist zum Beispiel das Haus Nr. 21. Es war lange Zeit Sitz der Zirkelgesellschaft, einer ursprünglich religiösen Bruderschaft ratsfähiger Familien. Der ‚Zirkel' ist übrigens gar keiner, sondern eigentlich ein Dreieck als Zeichen der Trinität, der göttlichen Dreiheit von Vater, Sohn und Geist. Die andere Bezeichnung ‚Junkerkompagnie' sagte es noch deutlicher: Hier hatten nur die adligen Patrizier Zutritt. Heute befindet sich hier das Willy-Brandt-Haus, eine Erinnerungsstätte an den früheren Bundeskanzler, der in Lübeck als Arbeiterkind geboren wurde. Was für ein Wandel! Übrigens: über den Hof ist das Gebäude mit dem Günter-Grass-Haus in der Glockengießerstraße verbunden, zwei Museen, die an zwei Nobelpreisträger erinnern.

Schauen Sie aber auch auf die gegenüberliegende Seite: Dieser mächtige, langgestreckte Bau mit einem Portal in einem großen flachen Mittelrisalit verbirgt eine Kirche. Hätten Sie das vermutet? Im Inneren finden wir einen halbrunden Kirchsaal, umgeben von einer auf dorischen Säulen ruhenden Empore.

Er gehört der reformierten Gemeinde. Zwar duldete der lutherische Senat seit 1685 Menschen dieser Konfession in der Stadt, aber erst 1815 erhielten sie die vollen Bürgerrechte und konnten sich 1823 auch innerhalb der Stadt ein Gotteshaus errichten.

Das prachtvollste Gebäude hier ist sicherlich das Behnhaus mit seinen großen (ursprünglich Terrakotta-, seit 1995 Sandstein-)Statuen über der Balustrade. Fast alle Ratsfamilien haben hier einmal gewohnt, und 1779 ließ sich dann der spätere Bürgermeister Hinrich Tesdorpf das Haus umbauen mit einer großen Diele, umlaufender Galerie und einer repräsentativen Treppe. Den Namen verdankt es den späteren Eigentümern, der Familie Behn, die das Haus der Stadt für ein Museum übereignete. Heute zeigt es zusammen mit dem benachbarten Drägerhaus eine Gemäldesammlung des 19. und 20. Jahrhunderts sowie Räume der großbürgerlichen Wohnkultur. Schade, dass ich jetzt mit Ihnen nicht hineingehen kann.

Nun gehen Sie doch nicht achtlos am Drägerhaus vorbei! Sehen Sie das kleine Relief dort? Was Besonderes an diesem behelmten Reitersmann mit dem Weinpokal in der Hand sein soll, fragen Sie? Die Antwort gibt die Jahreszahl: 1384. Und sie erinnert an ein dramatisches Ereignis in der Stadt. Dazu muss ich ein wenig ausholen: In fast allen Städten des späten Mittelalters gab es einen dauerhaften Konflikt zwischen der Mittelschicht aus Handwerksmeistern und jüngeren Kaufleuten einerseits und andererseits den wenigen Männern des Patriziats, die allein das Geschick der Städte bestimmten, weil nur sie den Rat besetzten. Und wie so oft ging es um den schnöden Mammon, denn die Steuerlast trugen die Bürger und bezahlten damit die Politik und die Kriege, die die Ratsherren beschlossen. So kam es immer

wieder zu Protesten, Forderungen nach Mitbestimmung und sogar blutigen Aufständen, wenn die nächste Erhöhung der Abgaben anstand. Und damit sind wir beim Jahr 1384. Da hatten sich mehrere Zunftmeister unter Führung eines gewissen Hinrich Paternostermaker zu einem Staatsstreich treich entschlossen, und sie hatten die Unterstützung einiger Landadliger im Umland, die sich beteiligen wollten. Wie damals üblich, verschworen sich alle Beteiligten mit furchtbaren Eiden, die Pläne nicht zu verraten.

Und nun kommt dieser Reiter hier ins Spiel. Aus welchem Grund auch immer, er bekam Bedenken. Und am Tag vor dem geplanten Aufstand ritt er durchs Burgtor und hielt vor diesem Hause, in dem der Bürgermeister Johann Perceval wohnte. Der war zwar gerade im Rathaus, doch der Fremde bat dessen Sohn um einen Trunk, den dieser ihm freundlich reichte. Da hob der Verräter den Pokal und sagte halblaut, doch verständlich: „Keinem Menschen, nur diesem Glas in meiner Hand sei kund, dass morgen großes Unglück über die Stadt kommt und allen Herren des Rates ein gewaltsamer Tod droht." Sprach's, gab dem Ross die Sporen und ritt eilends zum Tor hinaus. So war der Rat gewarnt, schloss die Tore, bewaffnete all die Seinen und hielt Wache in den Straßen, wo dann einer der Verräter entdeckt wurde und gestand. Nicht wahr, das ist doch eine Geschichte, die unbedingt erzählt werden muss!

Und von denen ganz unten

Nur wenige Schritte sind es noch bis zum Koberg, und dort finden wir dieses große Gebäude mit seinen Giebeln und Türmen. Es ist das Heilig-Geist-Hospital, eine der größten Einrichtungen für Sieche und auch arme Menschen. Und eine der am besten erhaltenen aus dem Mittelalter! Um 1200 übernahmen jetzt auch die Städte diese Aufgabe, die vorher nur die Klöster wahrnahmen. Reiche Bürger taten sich zusammen, kauften Grundstücke, bauten dort Hospitäler und finanzierten sie mit Spenden und Nachlässen. So auch in Lübeck, doch geriet der Rat sofort in Streit mit dem Bischof um die Zuständigkeit, hatte er doch auch eine Kirche für die Insassen geplant und einen Priester beauftragt. Einzelheiten erspare ich Ihnen,

jedenfalls entstand hier ein eindrucksvoller Bau mit eine großen querliegenden Kirchenhalle und dem anschließenden langen Haus, einer großen Halle, in der die Insassen auf Strohschütten, dann auch auf Betten liegen konnten. Nach späteren Erweiterungen ist sie 87 Meter lang und 14 Meter breit – überspannt von einer mächtigen Dachkonstruktion. Aber schauen wir doch einmal hinein, die Tür ist heute stets für Besucher geöffnet.

Nicht wahr, ein beeindruckender Raum, eine zweischiffige Kirchenhalle mit einer interessanten Ausmalung an Wänden und Gewölben. Apropos Gewölbe: Wenn Sie auf die Rückwand blicken, sind den schönen Figuren dort die Köpfe abgeschnitten. Und warum? Weil zur Zeit ihrer Entstehung das Gewölbe noch gar nicht existierte, sondern nur eine hohe flache Decke. Aber auch zwei Altäre gilt es zu bewundern, vor allem

den vergoldeten Allerheiligen-Altar mit vielen Figuren. Und darüber Christus als Weltenrichter in einer Mandorla, nicht nur von den Symbolen der vier Evangelisten umgeben, sondern auch von vielen Medaillons mit Porträts der Stifter. Darunter auch einer, um den sich mancherlei Sagen gerankt haben: Bertram Morneweg, der es seinerzeit vom armen Waisenkind zu einem schwerreichen Fernhandelskaufmann gebracht haben soll.

Doch schauen wir uns auch das schöne Modell an, das uns die Größe und Vielfältigkeit der Anlage vor Augen führt: Es gab eine Art Kreuzgang und Nebengebäude für Küche, Vorräte und auch für je eine Männer- und eine Frauenstube, wo sich die Insassen tagsüber aufhalten konnten. Zu ihrem Schlafsaal müssen Sie nun die Tür unter dem Lettner durchschreiten – ich bin sicher, Sie werden jetzt staunend innehalten. Was Sie sehen, wurde etwa um 1820 eingebaut. Da bekam jeder (und jede) Insasse einen eigenen Schlafraum, ein winziges Kämmerchen, das die Lübecker ‚Kabäuschen' nennen. Kaum Platz für ein Bett und ein Schränkchen, nur von oben her belichtet und belüftet, aber immerhin: ein eigenes Reich. Und diese Kammern wurden erst 1970 geräumt, die Bewohner in andere Einrichtungen verlegt oder im umgestalteten Nebengebäude untergebracht. Heute sind die Kammern nur noch ein Zeugnis vergangenen Lebens – und für einen weithin bekannten Weihnachtsmarkt als Verkaufsbuden genutzt.

Die Kirche mit den vier Kugeln und dem fehlenden Minutenzeiger – St. Jakobi

Wenn wir nun wieder hinaustreten, dehnt sich vor uns ein erstaunlich weiter, fast durchweg von klassizistischen Fassaden gesäumter Platz, der Koberg. Ob das tatsächlich Kuh-Berg bedeuten soll, darüber streiten die Gelehrten und wir wollen uns da nicht einmischen. – Ich sehe, wie Sie ständig nach links blicken, und ich vermute, Sie fragen sich: Warum sind wir so einfach an dieser großen Kirche vorbeigegangen? Warum zeigt er sie mir nicht? Doch, ich werde sie Ihnen jetzt zeigen, schließlich gehört sie zu den fünf großen Gotteshäusern, die schon seit dem 13. Jahrhundert auf dem Stadthügel stehen.

Gehen wir also ein paar Schritte zurück, denn der Eingang liegt im Süden am Jakobikirchhof. Wenn wie dorthin gehen, wollen wir einmal zum Turm hinaufschauen: Nein, da fehlt kein Zeiger, die Uhr kennt nur Stunden – früher reichte das den Menschen, die wohl noch keine Hektik kannten. Und noch etwas ist merkwürdig: Die Turmspitze sitzt auf einem Wulst und wird von vier Kugeln umringt. Das muss ich erklären: Ursprünglich hatte die Kirche eine schlichte Spitze wie die anderen, doch Stürme setzten ihr so zu, dass man 1628 alles herunternahm und ein flaches Notdach anbrachte. Dann ging es an die Planung für eine neue Bekrönung, und weil gerade der Barock im Schwange war, wollte man eine welsche Haube auf den Turm setzen. Da aber viele Lübecker die hohe Turmspitze zurückhaben wollte, fanden die Ver-

antwortlichen einen Kompromiss: Spitze ja, barocke Zwiebel wenigstens ein wenig gequetscht darunter. Und auf die Ecken eben noch schöne runde Kugeln. So jedenfalls wird es erzählt. Ob's stimmt?

Jetzt stehen wir also in St. Jakobi, der Kirche der Seefahrer, wie sie gerne genannt wird, und zu Recht: Zu ihren Füßen dehnt sich das Schifferviertel bis hinab zur Trave, wo einst der Hafen der Hansestadt war. Hier lebten die Schiffsführer, die Schifferknechte und die Träger, oder mit heutigen Begriffen: die Kapitäne, Matrosen und Hafenarbeiter. Und heute ist die Kirche ganz offiziell eine nationale Gedenkstätte der zivilen Seefahrt. Des-

halb wollen wir zunächst in die Nordwestecke gehen. Dort können Sie ein Beispiel für die Gefahren sehen, denen Seefahrende auch in unseren Zeiten noch ausgesetzt sind: das von den Wellen zerschlagene Rettungsboot der Pamir, eines der letzten großen Segelschiffe, das am 21. September 1957 in einem Hurrikan im Nordatlantik gesunken ist und 80 der 86 Besatzungsmitglieder mit in den Tod riss. Darunter hat man vor einiger Zeit ein Kolumbarium eingerichtet. Hier können Seefahrer oder der See verbundene Menschen ihre letzte Ruhestätte finden.

Aber St. Jakobi ist auch Pilgerkirche, schließlich hat sie den (der Legende nach) in Santiago de Compostela bestatteten Apostel Jakobus zum Namenspatron, und hier machten deshalb früher viele Pilger Station, die auf dem Jakobsweg von Skandinavien bis Nordspanien unterwegs waren. Sagte ich: früher? Nein – heute ist diese Kirche wieder Zentrum einer neu erstarkten Pilger-Bewegung, mit einer Pilgerherberge im ehemaligen Pastorat.

Doch schauen wir uns ein wenig um in diesem schönen Gotteshaus, das ganz unversehrt alle Bomben-

angriffe überstanden hat. Unser erster Blick bleibt an der barocken Ausstattung hängen, aber der zweite zeigt weitaus mehr: Da sind die wieder freigelegten übergroßen Heiligengestalten, die die viereckigen Pfeiler zieren, gemalt um 1330. Und da sind die Orgeln, die St. Jakobi berühmt gemacht haben: Im Westen die große Orgel mit einem Prospekt aus der Barockzeit, hinter dem sich manches Ältere verbirgt. Älter ist auch die kleine Orgel an der Nordwand. Sie hat sich nicht nur ihr spätgotisches Antlitz bewahrt, sondern besitzt auch eines der ältesten Spielwerke überhaupt. Und wenigstens einen raschen Blick wollen wir noch auf die Taufe werfen, 1466 aus Bronze gegossen und umringt von den Statuen der Apostel.

Zwei Burgstraßen, ein Burgtor – und wo ist die Burg?

Lassen Sie uns zur Breiten Straße hin gehen, ich möchte Ihnen rasch den schönen Treppengiebel aus der Renaissancezeit drüben auf der anderen Straßenseite zeigen, auch wenn man 1880 die Fassade mit modernen Ziegeln neu verblendet hat. Es ist das Haus der Schiffergesellschaft, heute vor allem als historisches Restaurant mit einer sehenswerten Diele genutzt. Aber als sich 1401 Schiffsführer und seefahrende Kaufleute zu einer Bruderschaft zusammenschlossen, begann die Geschichte einer Vereinigung, die anfangs vor allem religiöse und wohltätige Zwecke verfolgte, „zu Hilfe und Trost der Lebenden und Toten und aller, die ihren ehrlichen Unterhalt in der Schifffahrt suchen," dann aber bis 1853 vor allem die Interessen der Seefahrt auch politisch vertrat. 1535 hat die Gesellschaft das wesentlich ältere Haus erworben. Vor der schönen Rokokotür können Sie noch zwei Bankwangen aus Kalkstein sehen – wir kennen diese Sitte der Beischlagwangen ja vom Rathaus, hier allerdings stehen sie auch noch den Vorübergehenden zugewandt. Sie fragen nach dem Anbau daneben? Es ist der Eingang zu einem Wohnkeller, der dem Boten der Gesellschaft zustand.

Jetzt kehren wir zum Koberg zurück, um in die Große Burgstraße zu gelangen: Aber vorher schauen Sie einmal nach links auf die Häuserfassade dort. Fällt Ihnen etwas auf? Nein? Dann blicken Sie einmal auf die Breite der Fassaden! Richtig, diese eine ist wesentlich langgestreckter. Und der Grund: Dahinter liegen zwei Häuser mit ihren spitzen Dächern versteckt, erst 1797 hat man vor beide diese gemeinsame Front gesetzt, die jetzt nur noch einen Eingang besitzt, ein wuchtiges Portal, das zwei ionische Säulen flankieren. Leider kann ich Ihnen das Innere nicht zeigen, es gibt nur selten Führungen durch das Haus, das fast alle Stilrichtungen in sich birgt: Neben einer großen Diele aus der Barockzeit Räume mit Rokokostuck, und wieder freigelegt verschiedene Wandmalereien. Das Besondere: Im Kern steht hier ein Saalgeschoßbau, also die erste Form von Steinhäusern aus der Gründungszeit, datiert auf etwa 1216. Sein Name ‚Hoghehus' lässt vermuten, dass dieses Haus einmal der Sitz des Stadtvogtes war, des Vertreters des Grafen bzw. des Herzogs als Stadtherr. Sie sehen – viel Geschichte hinter dieser frühklassizistischen Fassade!

Schon von weitem grüßt dieses prächtige Ensemble, sobald wir in die Große Burgstraße eingebogen sind: das Burgtor mit dem Marstall zur Linken und dem Zöllnerhaus zur Rechten. Sie fragen nach der Burg, die es dann doch hier geben müsste? Es gab sie auch, aber das ist eine lange Geschichte, und ich verspreche, ich fasse mich kurz – soweit das möglich ist. Über den Hügel Buku lief schon lange vor der Stadtgründung ein alter Handelsweg von Süden nach Alt-Lübeck, denn hier war eine schmale Landverbindung zwischen den beiden Flüssen Trave und Wakenitz. Wir haben ja schon darüber gesprochen. Ein guter Ort also, dort eine Burg anzulegen, um zu kontrollieren und auch zu kassieren. Das hatte schon ein Wendenfürst erkannt, und als Graf Adolf das neue Lübeck gründete, ließ er den inzwischen recht verfallenen Wall nebst Palisaden wieder instandsetzen. Schon 1217 baute man dort ein steinernes Tor – auf seinen Fundamenten steht auch das heutige Burgtor. Und bald auch zu beiden Seiten eine Mauer mit halbrunden Türmen. 1201 wurde das gerade erst zur freien Stadt des Reiches erklärte Lübeck dänisch. Auch wenn es später gern so gesehen wurde: nämlich als Eroberung – in Wahrheit hat der Rat dem dänischen König Waldemar freiwillig die Stadtherrschaft angetragen, schließlich beherrschte der Däne die Ostseeküsten, und ohne ihn konnte man keinen Handel treiben. Und Waldemar revanchierte sich, indem er der Stadt nicht nur mancherlei Privilegien gewährte, sondern ihr auch eine den ganzen Hügel umfassende Mauer spendierte.

1223 aber wendet sich das Blatt: Seine Feinde nehmen Waldemar gefangen, und 1227 kommt es bei Bornhöved zur entscheidenden Schlacht zwischen den Dänen und vielen deutschen Fürsten. Da hatte Lübeck schon die Fronten gewechselt und kämpfte auf deutscher Seite mit, nicht ohne sich von den Fürsten versichern zu lassen, dass sie die Freiheit der Stadt achten würden. Den dänischen Statthalter hatte man schon aus der Burg vertrieben, nun sollte kein anderer sich dort mehr einnisten. Deshalb wurde sie niedergelegt und das Gelände den Dominikanermönchen für den Bau eines Klosters überlassen, das man der Maria Magdalena weihte (angeblich, weil sie den in der Schlacht geblendeten Lübeckern geholfen und ihren Mantel – sprich: eine Wolke – vor die Sonne gehalten habe). Nach der Reformation wurden die Klostergebäude zum Armenhaus, und 1894 dann riss man die Gebäude an der Großen Burgstraße ab, um dort diesen langgestreckten neogotischen Gerichtspalast zu bauen, der Ihnen sicher schon aufgefallen ist. Dass dahinter bis heute das eigentliche Kloster mit seinem Kreuzgang erhalten blieb, wussten lange Zeit nur wenige. Nur die Klosterkirche war schon 1818 wegen Baufälligkeit abgerissen worden; dummerweise hatte man sie genau am Rand des zugeschütteten Burggrabens errichtet, so dass sie halb auf festem Grund und halb auf dem weicheren Boden des Grabens stand.

Kapitelsaal

1990 wurde das Kloster nach dem Auszug des Gerichts zum Museum, und seit 2015 gehört es zum Europäischen Hansemuseum, das unten am Traveufer Platz gefunden hat. Leider können wir dort jetzt nicht hineinschauen, allzu viel gibt es da zu sehen. Aber vielleicht ist es Ihnen ja später einen Besuch wert – bringen Sie sich Zeit mit!

Sakristei

Sommerrefektorium (Speisesaal)

Bis 1850 gab es nur die eine Durchfahrt im Turm, dann hat man nach und nach wegen des zunehmenden Verkehrs weitere Öffnungen geschaffen. Aber wenigstens ist dadurch das Tor stehen geblieben. Doch bevor wir hindurchgehen – schauen Sie erst einmal nach links: Dort geht es zum Marstall, wo die kleine Truppe der Stadtsoldaten ihre Pferde stehen hatte, und über der Durchfahrt gibt es Wunderschönes zu sehen – und zugleich etwas Einmaliges für Lübeck: Das Fachwerkgeschoß ruht auf einem reich geschnitzten Schwellbalken, und der wiederum auf fünf Balkenköpfen – sogenannten Knaggen. Aber was für welche! Allerlei Fratzen blicken da auf uns herab, und die Konsolen darunter sind mit fünf Männern besetzt – Musikanten, Bettler und in der Mitte ein behäbiger, dickbäuchiger Kerl. Da sage einer, die Leute im Mittelalter hätte keinen Humor gehabt!

Bevor Lübeck zur Insel wurde

Wenn wir nun durchs Tor hinauswandern, gelangen wir auf eine Brücke. Sie führt über das letzte Stück des Elbe-Lübeck-Kanals, ehe er die Trave erreicht. Und er hat die Altstadt zur Insel gemacht – was nicht einfach war, denn die Wakenitz, deren Bett er hier nutzt, war durch die vielen Mühlenwehre vier Meter höher als die Trave. Also musste man sie durch einen Damm abtrennen, auf dem heute die Falkenstraße verläuft, und für einen anderen Abfluss sorgen, der hinter dem Hüxterdamm den Kanal unterquert, um in den Krähenteich zu kommen, jenen Rest der alten Wakenitz direkt vor den Mauern der Stadt. Davor aber hat man versucht, diesen einzigen Landzugang immer besser zu sichern, zuletzt durch gewaltige Wälle und Bastionen. Doch auch vorher war es mit einem Tor im Mauerring nicht mehr getan. Ähnlich wie beim Holstentor kam noch ein zweites, mittleres Tor hinzu, und zuletzt ein prächtiges Außentor, das weniger der Verteidigung als der Repräsentation diente. Das alles ist längst verschwunden, doch in Schaukästen an der Brücke können Sie sich Modelle anschauen und das Mittelalter vor dem inneren Auge auferstehen lassen.

Also noch ein kurzer Blick zurück auf diese imposante Mauer, übrigens bis auf ganz wenige unscheinbare Reste das letzte Stück der mittelalterlichen Befestigung, die schon Heinrich der Löwe als Stadtherr begonnen hatte und die wohl im 13. Jahrhundert bereits ähnlich ausgesehen hat wie heute. Wir nehmen jetzt den Weg am Marstall entlang zu einer großen Aussichtsplattform, mit Blick auf die Trave und die Schuppen an ihren Ufern – und wenn wir Glück haben, auch auf den Nachbau eines Hanseschiffes, das dort liegt. Nein, es ist keine Kogge, wie so viele denken, sondern eine Kraweel, denn es hat bereits drei Masten, während die ‚richtigen' Koggen mit einem auskamen. Dass wir hier über dem Dach des Hansemuseums

stehen, werden Sie erst merken, wenn wir weitergehen und die Treppe hinunterschauen. Aber wir bleiben jetzt oben, gehen am Hospital vorbei und durch einen schmalen Gang, der die Klostergebäude vom Beichthaus trennt, das sich rechts anschließt. Wenn wir nun auf die Straße hinaustreten, nehmen wir die Treppe, die uns rechter Hand abwärtsführt.

Wo es nach Teer und Salzwasser roch...

Mit einem kleinen Schlenker am Fuß der Treppe landen wir in der Großen Altefähre, und Sie ahnen, woran dieser Straßenname erinnert. Hier führte einmal eine Fähre über den Fluss, allerdings wurde sie schon 1284 als ‚alt', sprich: nicht mehr vorhanden, bezeichnet. Während links die stattlichen Backsteingiebelhäuser einst von Kaufleuten bewohnt wurden, waren die jetzt klassizistisch verblendeten Häuser gegenüber meist im Besitz von Schiffern, also Kapitänen, Steuerleuten oder ‚Zollkassierern.' Und das 1908 neu gebaute Gebäude Nr. 20-22 beherbergt noch immer eine Reederei.

Wir wollen jetzt aber links in den Engelswisch abbiegen. Wieder so ein merkwürdiger Name! Dass ‚Wisch' die niederdeutsche Bezeichnung einer Wiese ist, das wissen Sie vielleicht. Aber auf dieser Wiese haben nie Engel einen Reigentanz probiert, der Namensteil bezieht sich auf die dort aus England ankommenden Schiffe. Auch wenn es hier und da kleine Giebelhäuser und einige moderne Bauten gibt – der Engelswisch zeichnet sich aus durch eine Reihe von Kleinhäusern, die mit der Traufe, also der Querfront, zur Straße stehen, und das lässt auch auf die früheren Bewohner schließen. Neben einigen Handwerkern erscheinen als Bewohner immer wieder Schiffer oder Seefahrer sowie Schiffszimmerer, auch ein Lotsenkommandant ist dabei. Aber es gibt auch einige Brauhäuser, vor allem die großen backsteinsichtigen Renaissancehäuser Nr. 17-21, von denen allerdings nur noch die Giebel übriggeblieben sind, als man 1983 dahinter auf die drei Grundstücke die Turnhalle der Ernestinenschule setzte. Und neben den Brauern hatten hier noch zwei Schankwirte und ein Branntweinbrenner ein wahrscheinlich erfolgreiches Gewerbe betrieben.

Aber jetzt stoppe ich Sie am Haus Nr. 18. Fällt Ihnen auf, dass das nächste Gebäude bereits die Hausnummer 22 trägt? Dann schauen Sie auf die schmale Öffnung, hinter der sich wieder einmal ein Gang verbirgt: der ‚Dunkelgrüne Gang', dem man Nr. 20 gegeben hat. Und wo es einen dunkelgrünen gibt, könnte man auch einen hellgrünen vermuten, was denken Sie? Aber zu dem kommen wir später. Zunächst einmal den Kopf eingezogen und hinein! Und Sie werden staunen, was es dort alles zu entdecken gibt – ein richtiges Gewirr von Gängen und kleinen Häuschen, in dem man sich regelrecht verlaufen kann. Deswegen diese kleine Skizze, damit Sie die Übersicht behalten, wenn wir jetzt um so manche Ecke biegen. Erinnern Sie sich an ein ähnliches Viertel an der Obertrave? Auch hier wurde jeder Platz auf den Grundstücken für Buden ausgenutzt, mit allen sozialen

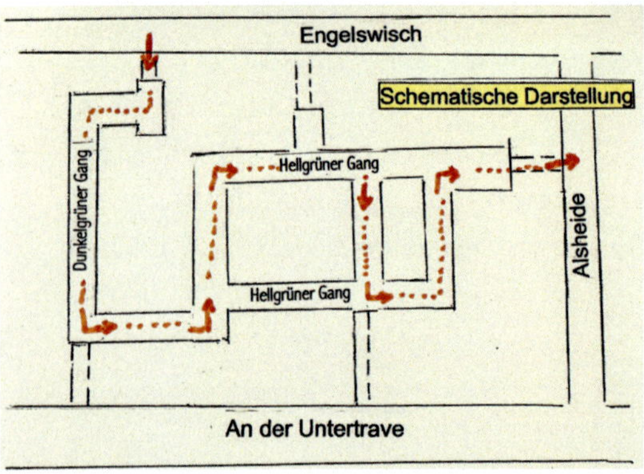

Folgen in jenen Zeiten. Das sieht heute glücklicherweise anders aus: Gepflegte Gärtchen, viele sanierte Häuser, gute Nachbarschaft, ruhiges Wohnen mitten in der Altstadt. Nur solche Leute wie wir stören da manchmal diese Ruhe.

Darum jetzt ein wenig Rückschau in vergangene Jahrhunderte. Die Steuerlisten weisen es aus: Im 15. Jahrhundert war die Zahl der Gangbewohner überall gestiegen, im Marien-Magdalenen-Quartier, also dem Gebiet hier im Nordwesten der Stadt, war ihr Anteil an der Einwohnerschaft von 20 auf 33 Prozent gestiegen. Und für 1663 gibt es für die ganze Stadt folgende Angaben über die Bewohner: 560 Arbeits- und Bootsleute, 80 Träger, also Hafenarbeiter, 110 Soldaten und 50 Handwerker. Die Familien müssen wir jeweils hinzurechnen. Und die Eigentümer der Gänge? Nur 12 Prozent machten die unteren Schichten aus gegen 72 Prozent der Ratsfamilien und weitere 16 Prozent einer Mittelschicht aus Brauern oder Schiffern. Ganghäuser waren gute Kapitalanlagen – wenn man denn Kapital besaß.

Unser Gängeviertel endet im Süden an der Straße Alsheide, aber dort haben die Sanierer ziemlichen Kahlschlag gemacht. Eine Fläche für eine Kinderspielplatz wurde freigeräumt, und die ganze nördliche Häuserzeile der Straße durch Neubauten ersetzt, auch wenn man sie ein wenig angepasst hat. Denkmalschutz war das nicht gerade! Zurück zum Engelswisch und dann zur Engelsgrube, deren Namen wir jetzt ja deuten können. Sie ist

neben der Marlesgrube die Straße mit den meisten noch erhaltenen Gängen, sieben sind es, wenn auch nicht mehr alle öffentlich zugänglich sind. Wenn wir nun den Berg hinaufwandern, können wir spüren, wie steil der Anstieg einst gewesen ist, denn im oberen Bereich ist bei der letzten Sanierung versucht worden, die Straße auf das alte Niveau abzusenken. Zu beiden Seiten gibt es also Gänge, manchmal schmal und nur einseitig bebaut, andere eher breit wie Sieverts Torweg.

Ja, da fällt mir ein, was einst über den Schlüters Gang gesungen wurde. Er gehörte damals einem Seemann namens Warnck, der die Buden gern an alte Fahrensleute vergab, aber weniger auf Mietzahlungen achtete als darauf, dass sie gute Saufkumpane waren. So verkam der Gang immer mehr, und bald sangen die Nachbarn dieses Spottlied:

„Kumm, gau mit mi nah Slüters Gang/ den rühkst all up de Straten / Wiel dat's den Smudds dor johrelang / inn Rinnsteen fuhlen laten. / Wenn's ok for Minschen eklig is / för Ratten is's een Paradies." Und wenn Sie jetzt Schwierigkeiten mit Plattdeutsch haben, das Ganze – allerdings ohne Reim – noch einmal auf Hochdeutsch: „Komm, lass uns zu Schlüters Gang gehen, den kannst du schon auf der Straße riechen. Denn da haben sie den Schmutz schon jahrelang im Rinnstein verfaulen lassen. Für uns Menschen mag das ja ekelerregend sein, für Ratten ist es ein wahres Paradies." Wie gut, dass es diesen Gang heute nicht mehr gibt!

Zerrahns Gang

Sieverts Torweg

Umso interessanter dagegen der Bäckergang, in den wir nun hineingehen. Zu beiden Seiten Häuser, ein Durchgang bringt uns in Lüngreens Gang, der zur Fischergrube gehört. Und wir können einige geschlämmte Backsteinhäuser bewundern, erbaut in der Renaissancezeit und mit schönen Rundbogenportalen durchaus repräsentativ gestaltet. Die Fischergrube wollen wir nun hinauf zur Breiten Straße gehen, rechterhand die breitgelagerte Rückwand des Stadttheaters. Aber das wollen wir lieber von der Beckergrube aus näher betrachten. Schauen Sie jetzt auf die andere Seite der Breiten Straße, da sehen Sie den frühklassizistischen Giebel des Hauses Nr. 9, nicht besonders auffällig, aber dahinter verbergen sich

frühere Jahrhunderte und ein gotischer Keller. Und vielleicht hat in ihm einmal Bernt Notke sein Schnitzholz oder seine Farben gelagert, denn Lübeck großer Maler und Bildhauer hat hier gewohnt. Und noch ein Blick auf die beiden Nachbarhäuser, die kurz nach 1909 entstanden sind, das eine links im Neobarock, das andere rechts im Neoklassizismus. Schöne Beispiele für den Rückgriff auf eine frühere Formensprache.

Dem Wahren Guten Schönen

1908 hat der Architekt Martin Dülfer der Hansestadt ein imposantes Jugendstilgebäude geschaffen, dessen Schönheit übrigens jetzt auch im Inneren wieder sichtbar geworden ist: das städtische Theater. Es steht übrigens auf dem gleichen Grundstück, auf dem sich schon früher ein Bau befand, der als Konzert- und Theaterbau diente und den man abreißen musste, weil er nicht mehr den Feuerschutzbestimmungen entsprach. Man plante einen Neubau vor den Toren, doch da griff Lübecks begüterter Mäzen, der Senator Emil Possehl, zu einer Erpressung: Er bot an, die Kosten für den Ankauf aller erforderlichen Grundstücke zu übernehmen, allerdings nur, wenn es um die Beckergrube ging. Und die Bürgerschaft konnte diesem Angebot nicht widerstehen.

Musik-
theater
Schau-
spiel
Konzert
THEATER LÜBECK

Dülfer erhielt damals den Zuschlag für seinen Entwurf. Der gesamte Bau sollte mit großen Tuffsteinen verblendet werden in Form von Bossensteinen, das heißt, sie sollten natürlich und unbehauen wirken. In die Mitte setzte er einen breiten Risalit mit zwei mächtigen Pilastern, die das Giebelfeld trugen. Genauer: die jeweils in zwei großen Skulpturen endeten, die diese Aufgabe übernahmen – je eine männliche und eine weibliche gemeinsam – mit Fachausdrücken: ein Atlant und eine Karyatide. Aber das müssen Sie sich jetzt nicht unbedingt merken. Wichtiger ist, sie einmal näher zu betrachten. Angefertigt wurden sie von dem Bildhauer Karl Weinberger; und ein anderer Künstler – Georg Roemer – schuf den dreiteiligen Fries, der sich über die gesamte Front des Mittelbaus zieht. In der Mitte hat der Gott Apoll, zu erkennen an der Lyra in seiner Hand, die neun Musen um sich versammelt, die bei den alten Griechen alle Wissenschaften und Künste verkörperten. Wenn wir jetzt soviel Zeit hätten, könnten wir bei jeder raten, wofür sie zuständig war: Sie halten ja alle einen typischen Gegenstand in Händen.

Aber da sind ja auch noch die beiden anderen Reliefs an den Seiten: Auch sie sind als Symbole gedacht, denn sie zeigen die beiden Grundformen aller Schauspiele: die Komödie und die Tragödie. Da ist das Raten schon leichter, nicht wahr? Trauer rechts und Freude links – das ist eindeutig. – Jetzt müssten wir uns eigentlich Karten für eine Vorstellung im großen Haus kaufen, um auch den wiedererstandenen Jugendstil im Innern

zu bewundern – aber der Wagen, der rollt. Und er rollt nun die Beckergrube hinunter zur Trave, nicht ohne im unteren Teil noch einmal zu halten, um einige prächtige Backsteingiebel zu bewundern.

Am Ende der Straße erwartet uns die Untertrave, und wir wollen einen Augenblick innehalten, um uns noch einmal unseren Weg durch den nördlichen Teil der Stadt vor Augen zu führen.

FAHRRÄDER
FAHRRÄDER

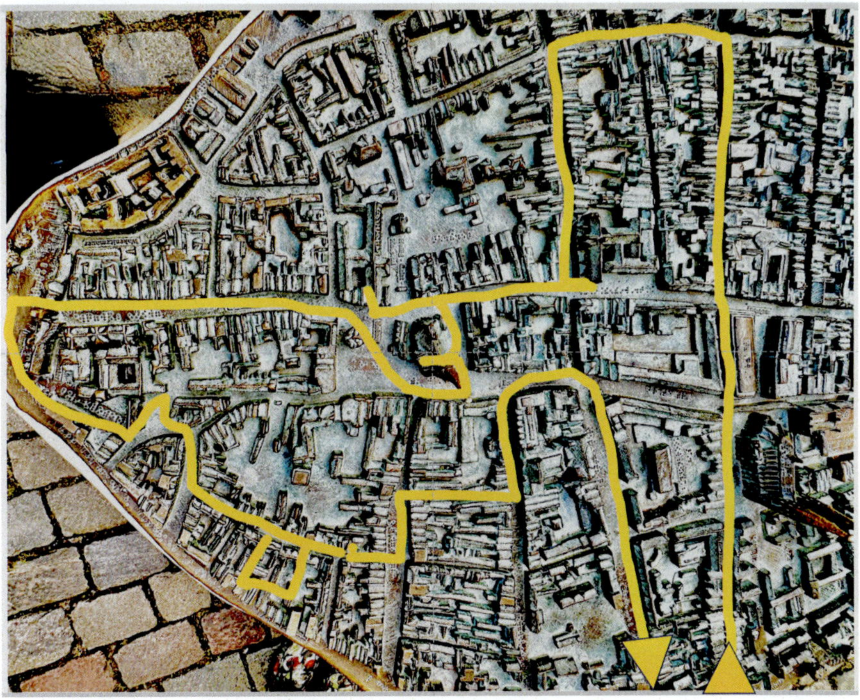

Nostalgie pur: der Museumshafen.

Hier können wir die Trave überqueren, die Brücke führt direkt auf die neu errichtete Musik- und Kongresshalle zu, die die Lübecker nur die ‚MuK' nennen. Doch sollten Sie jetzt einen Augenblick stehen bleiben und nach rechts auf die Kaimauer schauen, denn dort tummeln sich allerlei Oldtimer der Schifffahrt. 27 ganz unterschiedliche Wasserfahrzeuge gehören den Mitgliedern eines Vereins, und die meisten liegen hier vertäut – wenn sie nicht gerade mit Gästen auf Reisen sind. Segelschiffe, aber auch historische Dampfschiffe wie zum Beispiel Schlepper und ein Festmacherboot gehören den Skippern des Vereins oder dem Verein selbst. Ein anderer Verein betreut das ausgemusterte Feuerschiff ‚Fehmarnbelt', das bis 1984 noch seinen Dienst tat. Auch dieses Schiff könnten Sie weiter flussabwärts bewundern.

Aber unser Rundgang neigt sich nun seinem Ende zu, wir spazieren auf dem westlichen Traveufer nach Süden, schauen noch einmal hinüber auf die so unterschiedliche Bebauung der Untertrave, auf die sie hoch überragenden Türme der Kirchen und dann voraus, wo uns das Holstentor erwartet. Und damit sozusagen Start und Ziel für diese Wanderung durch die alte Hansestadt.

Wobei ich gestehen muss: Es ist ein Weg, den Sie wohl kaum an einem Tag bewältigen könnten, zu viel gibt es zu sehen, man muss so oft stehen bleiben und schauen, muss sich informieren und nachfragen können. Aber Sie können diesen Rundgang ja auch abschnittsweise unternehmen und damit vielleicht sogar die Zeit finden, hier und da auch durch geöffnete Türen zu gehen, etwa in eines der Museen, oder das Rathaus, oder die Schiffergesellschaft. Ich kann es nur empfehlen. Und für die Nächte dazwischen gibt es in der Innenstadt durchaus gastliche Häuser mit einem bequemen Bett, falls Sie von auswärts gekommen sind. Ich aber möchte mich nun von Ihnen verabschieden. Ich hoffe, Lübeck ist Ihnen ans Herz gewachsen. Bleiben Sie also neugierig, hier und wo auch immer. Es lohnt sich allemal.

Ältestes Siegel der Hansestadt Lübeck, 1280

Weitere Lübeck-Bücher vom gleichen Autor

Lübeck ganz in Grün – ein Wegbegleiter durch 50 Parks und Grünanlagen

Taschenbuch ISBN 978 3795 052621 (128 S., € 12,90)

Es soll kein botanisches Fachbuch sein, sondern ein „grüner" Wanderführer für Naturfreunde und Erholungssuchende mit zahlreichen Bildern auch von manchem Kunstwerk, das dort anzutreffen ist. Aber auch die oft reizvolle Geschichte dieser grünen Oasen wird erzählt.

Lübecks Friedhöfe – Geschichte, Grabmäler, Grünanlagen

Taschenbuch ISBN 978 3795 052706 (160 S., € 16,80)

Friedhöfe sind zunächst einmal Orte der Trauer und des Gedenkens an Verstorbene. Aber wir finden auf ihnen zugleich Denkmäler und Mahnmale, die nicht nur künstlerisch bedeutsam sind, sondern die uns viel über vergangene Zeiten erzählen. Und viele dieser Friedhöfe sind zugleich Parklandschaften mit manchen botanischen Kostbarkeiten.

Lübeck ganz in Rot – Backstein und Ziegel – Terrakotta und Klinker

Taschenbuch ISBN 978 3795052737 (160 S., € 17,80)

Es ist wohl gut zehntausend Jahre her, dass der Mensch begann, Lehmziegel herzustellen. Backstein war es auch, der Lübecks Stadtbild geprägt hat. Darum ist es reizvoll, zu erkunden, wo der kleine rote Quader überall zu finden ist und welche Vielfalt an Formen er mit der Zeit angenommen hat.

800 Jahre Kunst am Bau in Lübeck

Taschenbuch ISBN 978 3795052720
(128 S., € 13,80)

Seit Lübeck in Stein baut, haben seine Einwohner die Gebäude der Stadt auch mit Schmückendem versehen. Seit acht Jahrhunderten gibt es also auch Kunst, die sichtbar die Fassaden ziert.

Lübeck ausgeplaudert

Taschenb. ISBN: 978-3-7541-166 (268 S., € 9.99)
ebook: ISBN: 978-3-7531-89666 (273 S., € 3,99)

Geschichte will erzählt sein, wenn sie lebendig werden soll. Nüchterne Zahlen, bloße Fakten – das würde uns diese Stadt nicht näherbringen. Also werden hier die fast neunhundert Jahre, die Lübeck nun schon auf dem Buckel hat, im Plauderton aus der Vergangenheit geholt.

Die Faehlings, eine Lübecker Familie.

Taschenb. ISBN 978-3-748512-87-5 (782 S., € 18,99)
e-book: ISBN 978-3-7380-8204-3 (577 S., € 5,49)

Vier Jahrhunderte Stadtgeschichte hat die Familie Faehling mitgestaltet oder auch mitdurchlitten. Auch wenn es sie nie wirklich gegeben hat: Sie macht die Vergangenheit lebendig. All die Menschen aber, die ihnen dabei begegnen – sie haben wirklich gelebt.